快捷酒店
前厅管理

史鸿滨 / 编著

企业管理出版社
ENTERPRISE MANAGEMENT PUBLISHING HOUSE

图书在版编目（CIP）数据

快捷酒店前厅管理 / 史鸿滨编著. —北京：企业管理出版社，2016.6

ISBN 978-7-5164-1229-9

Ⅰ.①快… Ⅱ.①史… Ⅲ.①饭店—商业服务 Ⅳ.①F719.2

中国版本图书馆CIP数据核字（2016）第121323号

书　　名：快捷酒店前厅管理
作　　者：史鸿滨
责任编辑：张　羿
书　　号：ISBN 978-7-5164-1229-9
出版发行：企业管理出版社
地　　址：北京市海淀区紫竹院南路17号　　邮编：100048
网　　址：http://www.emph.cn
电　　话：总编室（010）68701719　发行部（010）68701816　编辑部（010）68701292
电子信箱：80147@sina.cn　zhs@emph.cn
印　　刷：北京宝昌彩色印刷有限公司
经　　销：新华书店
规　　格：170毫米×240毫米　16开本　12.5印张　140千字
版　　次：2016年6月第1版　2016年6月第1次印刷
定　　价：38.00元

PERFACE

前言

一个酒店的前厅，对酒店的市场形象、服务质量乃至管理水平和经济效益都有着至关重要的影响。

前厅部是酒店的神经中枢，在宾客心目中它就是酒店管理机构的代表。宾客入住登记在前厅，离店结算在前厅，宾客遇到困难寻求帮助找前厅，感到不满时投诉也会找前厅。

前厅工作人员的言谈举止将会给宾客留下深刻的第一印象和最后印象。而最后印象往往在宾客的脑海里停留的时间最长。如果在宾客准备离店的时候，前厅员工的态度不好、办事效率不高，就将会使酒店在宾客住店期间为其所提供的一切良好服务前功尽弃。

前厅是宾客接触最多的部门，也是酒店与宾客建立良好关系的重要环节。如果前厅工作人员能以彬彬有礼的态度，娴熟的操作技能，广博的业务知识为宾客提供服务，或妥善处理宾客投诉，认真有效地帮助宾客解决疑难问题，那么宾客对酒店的其他服务也会感到放心和满意。

前厅在很大程度上控制和协调着整个酒店的经营活动。前厅员工必须认真负责、一丝不苟，并经常联络和协调其他部门的工作，以保证酒店这部机器正常运转，提高酒店对宾客的整体服务质量。

总之，前厅部的每一位成员都是酒店的形象窗口，不仅整体形象要能接受考验，业务知识与服务技巧更是体现了一个酒店的管理水平。作为酒店这个大家庭中的一员，前厅部工作人员同时也有责任、有义务做好销售工作。在接待过程中，要努力奉行“只要是到总台的客人，我们都应想办法把客人留下来”的宗旨，尽可能地为酒店争取住客率，提高酒店的经济效益。

CONTENTS

目录

第1章

快捷酒店前厅概述

第3章

快捷酒店前厅接待服务

第7章

快捷酒店前厅话务服务细节

第8章

快捷酒店前厅单据表格

第1章

快捷酒店前厅概述

前厅是快捷酒店的门面，是宾客首先接触的部门，它在业务上承担着酒店的部分销售工作，负责办理宾客预订、入住、结账等工作，同时还为宾客提供住店期间的各种服务。

第一节　认识酒店前厅部

前厅部的组织构架

前厅部又称总服务台，它不仅是酒店的管理中心，还是宾客与酒店进行接触的主要场所，从宾客抵店前的预订、入住，直至宾客结账离开，酒店前厅部的工作贯穿于宾客与酒店交易往来的全过程。

前厅部不仅可以通过提供邮政、电信、票务以及出租车服务等，直接取得经济收入，而且其销售工作的好坏还直接影响到酒店接待宾客的数量。

除此之外，前厅部作为酒店的信息中心，它也是为总经理和各职能部门经理提供各种信息、数据等决策依据的重要部门。所以，前厅部不仅是建立良好宾客关系的重要环节，同时也是酒店管理的参谋和助手。

因而，前厅部的组织构架在设置时要遵循以下原则。

（1）从实际出发的原则

从酒店的性质、地理位置、规模、经济特点及管理方式等方面来设置前厅的构架。

（2）分工明确原则。

应明确岗位人员的职责和任务，明确上下级隶属关系及信息传达的渠道和途径，防止出现管理职能的空缺、重叠或相互扯皮的现象。

（3）机构精简原则

“机构精简”不是将机构过分简单化，只是为了防止机构臃肿，人浮于事的现象，要“因事设人”。

（4）便于协作原则。

要争取做到不仅便于前厅内部各个岗位的协作，而且要有利于前厅部与其他部门在业务和管理上的协调与合作。

根据以上的组织构架设置原则，一般快捷酒店的前厅部主要包括以下人员：前厅经理1名，领班1名，外加4~6个服务员轮班。

前厅部的工作环境

前厅部就犹如酒店的大脑，在很大程度上控制和协调着整个酒店的经营活动，是酒店内的“总调度”和“神经枢纽”，同时还是联络宾客关系的“桥梁与纽带”。

基于它的重要性，这就需要前厅部有一个良好的工作环境，以便工作人员及时地将客源、客情、宾客需求及投诉等各种信息通报有关部门，共同协调全酒店的对客服务工作，以确保服务工作的效率和质量。

前厅良好的环境包括：前厅空间整体布局合理，能突出酒店的主格调；设置于大堂的部门标牌应显而易见；地面面层美观，最好为大理石或优质木地板；要有柔和的光线，让宾客进门后感到舒适；温度要保持在22℃~24℃之间，湿度要保持在40%~60%之间，还要注意通风；周围色彩要以暖色调作为主色调；适当布置有生气的绿色植物；噪音要控制在一定的范围内，不能让宾客感到任何不适，等等。

另外，前厅的设置和设备包括以下内容：

1.酒店正门

酒店的正门要气派，具有吸引力，突出迎接宾客的气氛。

正门处应有装饰过厅，内外设双道门，以保持前厅空调温度稳定，节约能源，并可保持大堂的清洁。正门过厅内设置雨伞架，供宾客使用。同时还应备有供宾客上下车的空间和回车道及雨棚。正门前的台阶旁应设立无障碍通道，以方便有残疾的宾客出入酒店。在大堂进出口处铺设地毯或踏脚垫，以减少将尘土及污水带进大厅。

2. 大堂

大堂指的是进入酒店正门后，通往客房、餐厅之间的大块公共区域。由人流线路、服务区、休息区和公共卫生间等主要区域组成。大堂要宽敞、舒适、华丽，其建筑面积要与整个酒店的接待能力相适应。

3.总服务台

总服务台主要是办理入住业务、退房业务和其他特殊业务等酒店咨询服务的工作区域，是体现前厅空间的关键部位，柜台外观要与整个大堂的建筑密切相关。其主要的设备及用品包括：

（1）计算机显示屏

通过计算机显示屏，能够随时查阅宾客的资料，包括预订、入住、交付押金、个人资料、离店、店内消费记账等等，有助于酒店管理和对客服务。

（2）打印机

不管宾客需要办理预订，还是入住和结账的时候都需要打印相关的单据和表格，所以前厅应备有两台以上打印机。

（3）扫描仪、复印机

按照公安部的要求，前厅必须要配备专用的扫描仪，主要用来扫描住客的各类身份证件。

（4）POS机

用于宾客刷卡消费。

（5）房卡

便于宾客的入住服务。

（6）账单架

主要是用于存放团体账单和散客账单。

（7）计算器、收款机和验钞机

主要是针对用现金付账的宾客。

（8）档案小车

用以存放订单档案夹。

（9）打时器

给已收到的各种信件、资料打上时间。

服务台的功能与设计

服务台的设计空间多取决于酒店的规模以及宾客到达和离开的方式，还要考虑到方便服务员直接进入办公区域。

针对服务台的功能而言，此区域不适宜设立柱子，这样才能增加通透效果和流通空间。酒店应设立进入服务台以及配套办公区的方便通道，之所以如此设计是希望通过短距离的通道或大厅来实现视觉屏蔽和噪音隔离。

而大堂的天花板可在服务台的顶部降低一些，这样做的目的是为了使得该区域形成集中的局部照明以及进行隔音处理。

服务台不仅可以设计为直线型柜台，也可以设计成位于角落的弧型柜台，这样的弧形设计有利于宾客进行问询服务。除此之外，还要考虑到保密和安全这两个方面的问题，要保证所有的柜台都把工作区屏蔽于宾客的视线之外，这既能够通过定位和角度转化设备，又可通过隔板和隔架得以实现，这一距离应增加到3m或更长，以便于团体客人入住时分开登记。柜台后的工作区至少为1.2~1.5m宽，柜台通常使用木材、带金属框架的硬木，叠层或注塑表面，还可以使用大理石或水磨石镶板进行装饰。其后面墙壁可以用作橱柜和物品架或按其特色统一进行装饰。

设计服务台的过程当中，要明确一点：较低的柜台虽然比较有亲和力，但至少需要1070mm高，只有这样才可以遮挡住工作区，同时，还需要在柜台附近为宾客配备860mm高的写字台。

前厅区域清洁工作

前厅区域是酒店内日夜使用的场所，它的状况好坏，会给来往宾客留下深刻的印象，因此需要日夜不停地进行清洁保养。这就需要服务员做到：

1. 前厅的日间清洁工作

（1）对于快捷酒店的前厅而言，很多都是硬质地面，那么就必须在宾客活动频繁的白天，不停地进行推尘工作，这样才能保证地面始终保持光亮如镜，如果是遇到雨雪天气时，还需要在前厅入口处铺上蹭鞋垫（踏垫）和小地毯，放上存伞架。

（2）公共区域的烟灰缸应及时替换。对于清理烟灰缸和沙缸也有着一定的标准，一般来说，按清洁卫生质量标准烟头不得多于三只。而且服务员进行烟灰缸的替换时，必须用托盘盛放干净的烟灰缸，先将干净烟灰缸放到脏烟灰缸上面一起拿掉，放到托盘里，然后将干净的烟灰缸换上，若此时恰好有宾客正在使用烟灰缸，则还需要把干净的烟灰缸放回原处，以方便宾客。如果服务员发现沙缸内有烟头、纸屑等杂物，亦应及时清理掉。

（3）由于宾客使用频繁，大厅休息处的沙发、茶几、台灯等，服务人员必须随时进行整理归位；在整理的过程当中，如果发现地面、沙发、茶几上有果皮、纸屑，应及时进行清理，对倚地扶手靠背上的宾客应劝其坐在沙发座上，不允许在沙发上躺卧睡觉。

（4）负责大厅清洁的服务员必须不断地巡视大厅各处，清理浮尘，包括大厅内的各种指示牌、公用电话机、总服务台、台面灯座、电梯厅、花盆（捡去烟头、火柴梗等）和大厅玻璃门等。

2.前厅的夜间清洁工作

对于前厅晚间清洁来说，很多时候都是进一步对前厅进行清洁保养，一般在晚间酒店人流量减少的情况下进行。

夜间大厅服务员的工作内容主要有：吸尘，用拖把拖洗大门外的地面，清扫地面，洗刷地毯，倒净并擦净烟灰缸和污物筒，家具除尘，擦净墙面、木器、门、把手等处的指印或污点，用铜油或不锈钢清洁剂擦净擦亮所有铜器、不锈钢器具，洗净擦亮所有的玻璃门和镜面。

3.前厅公共区域每季进行（或视需要）的清洁工作

（1）座椅的坐垫、靠背与扶手的清洗。

（2）帷帘与软墙体的清洗。

（3）湿洗地毯等。

4.前厅公共区域每月一次的清洁工作

（1）对软面家具和窗帘进行吸尘，如灰尘堆积得很快，则应根据需要及时吸尘。

（2）窗户每月轮洗一次，平时若有脏迹应及时清洁。

（3）干洗休息处地毯。

（4）对公共区域尤其是大厅的墙面进行清洗。

（5）对门的侧柱及门锁进行除尘。

（6）对灯座及各种装饰性摆设进行清洁、打蜡，以减少灰尘堆积。

（7）走廊灯、吊灯和吸顶灯的清洁。

（8）金属、石料或木制家具的清洁、打蜡。

5.前厅公共区域每周一次的清洁工作

（1）木器家具打蜡上光。

（2）清洁窗台，对百叶窗进行吸尘。

（3）清洁电话间与电话亭。

（4）用装有长吸管的吸尘器对天花板通风口除尘。

（5）大厅地面清洗并打磨抛光。

（6）用装有清洁缝隙设备的吸尘器对踢脚板进行吸尘。

（7）擦拭应急灯等设施。

（8）清理各处死角的卫生。

第二节　前厅经理的岗位职责及必备素养

前厅经理的岗位职责

在快捷酒店中，前厅经理是前厅营业与管理的最高指挥者，同时也是前厅全体员工甚至是整个酒店的形象代表。其主要工作是通过对前厅的人员配备、经营计划、对客服务的指挥与控制方面的管理，创造出前厅高效的工作气氛，从而能够有效保证酒店的经济效益。

对于快捷酒店而言，前厅经理肩负酒店之最大收入来源业务——客房收入业务的运作管理，是酒店中最为举足轻重的部门主管之一。前厅经理要善于在各种场合与各阶层人士打交道，并能够积极与外界建立业务联系；要根据客源市场信息和历史资料预测用房情况；能独立起草前厅工作报告和发展规划；能撰写与酒店管理相关的研究报告等。

如此种种，就要求一个前厅经理除了必须具备灵敏的头脑同时，还要具有强烈的自信心及幽默感；有一定的自我控制能力，丰富的组织及领导能力；有优良的外语知识及各国家各民族的风俗习惯知识；准确的数学及会计知识；要能够做到善于听取他人意见，能正确地评估他人的能力。这样才能在最大程度上，达到最高及最有利润的客房入住率。

前厅经理的具体岗位职责如下：

（1）负责前厅业务运转，协调前厅各部门的工作，同时还需要负责制订前厅的各项业务和规划。

（2）每天检查有关报表，掌握客房的预订销售情况，掌握每天宾客的抵离数量及类别；负责迎送、安排重要宾客的住宿，并负责安排前厅员工班次及工作量。

（3）协调销售、公关、客房、餐饮以及工程维修部门，共同提高快捷酒店的服务质量。

（4）带领前厅部与财务部密切合作，确保住店宾客入账、结账无误。

（5）为了提高酒店服务员的质量，前厅经理要配合培训部对前厅服务员进行业务培训，并具体指导服务员的各项工作。

（6）负责监督营业报表，进行营业统计分析，同时还需要负责处理和反映跑账、漏账等特殊问题。

（7）在收集宾客对客房、前厅以及其他部门的意见的同时，及时处理好宾客投诉。

（8）与安保部联系，以确保住店宾客安全，维持大堂的正常秩序。

（9）将每日的经营细节和经营状况以书面或短信形式发送给上级领导。

（10）做好前厅员工的考勤，合理安排休班，确保前厅服务的正常开展。

前厅经理在管理中需注意的事项

作为一名快捷酒店的前厅经理，想要管理好酒店的整个前厅，首先需要管理好自己。因为要成为一个优秀的管理者，首先必须要求自己在各方面做到最好，成为前厅员工的榜样，才能把良好的工作作风带给每一个人，影响到每一位前厅服务员。

前厅经理在管理中需要做好对前厅服务员的培训工作，把酒店的企业文化和工作技能传授给前厅的每位服务员，让他们能够更好地为宾客进行服务，提高对客服务质量的同时也能够进一步提升酒店的信誉。

在管理中，虽然培养良好严谨的工作作风和提高服务员的责任心非常重要，但是前厅经理还是要对部门员工进行人性化管理。简单地说就是，前厅经理需要切身站在服务员的立场上去思考问题，努力做到尊重前厅部的每一位服务员，让他们感觉到温暖。这样使他们不仅能明白自己工作的目标，也能更好更高效地完成工作。

这就需要前厅经理努力做到：

1. 分清轻重缓急，有所偏重

这里所说的区分，指的是工作重点，而不是对员工的区分。

首先，在前厅的组织架构中，对总台、前厅领班、预订处等几个分部门，按照其重要程度可以做一个区分。总台作为酒店的工作枢纽，它的重要性不容置疑，因此，前厅经理要对其给予足够的重视。

其次，在前厅领班这个岗位上，也要求具有较强工作经验和沟通能力的人员，同样要求认真对待。所以，这个岗位将成为前厅经理管理工作中的第二侧重点。

最后，预订部需要给予一般重视。在控房、接受预订等一系列的工作中，预订部扮演着非常重要的作用，对于前厅经理，一个好的预订员能够使他的工作变得更加容易。

另外，由于前厅部事务繁杂，前厅经理必须对每天要做的事情按照重要性和紧急程度进行梳理和排序，并对有限的时间进行适当的分配，这样才能争取工作的主动性，提高工作效率。比如：第一优先，先处理紧急而且重要的事情；第二优先，不急但很重要的事情；第三优先，紧急但不重要的事情；第四优先，不急又不重要的事情。

2. 有较强的目标管理理念

前厅是一个直接面对宾客的部门，相对而言，工作压力较之于酒店其他部门，是最大的。尤其是前厅服务员们要面对账务处理、登记工作、外币兑换等等，在这种情况下，前厅经理必须要让服务员树立明确的目标感，比如本月的差错率要下降几个百分点，本月总台班组要争取零投诉等，所有的指标必须量化，要用数字说话，这样才能更好地为宾客服务，推动酒店不断向前发展。

目标感树立以后，只要服务员的礼节礼貌到位、遵守工作中的规则制度，前厅经理就不应过多地对其进行干涉。因为员工也会有自己的思想，如果是正面的，只需要给予鼓励和激励，这样就可能将整个工作推向创新层面。

3. 适当地运用表扬与批评的艺术

前厅经理在对前厅部服务员的日常管理中，要根据不同对象的心理特点，采取不同的方式，对工作表现良好的员工进行表扬。比如：有些服务员爱面子，对于他们除了按规定给予相应的物质奖励外，更应该注重对他们的口头表扬，进而在精神上更好地激励他们。

另外，前厅经理在对工作中存在不足和失误的服务员进行批评时，一定要态度诚恳，语气委婉地让其知道自己到底为什么错了，错在哪里，有什么危害等等。一定要掌握场合，给足“面子”，这样的话，对方才会抱着感恩的心来接受你的批评。

4. 重视与服务员之间的沟通

在日常管理中，前厅经理一定要重视与前厅服务员之间的沟通，只有通过沟通，才能及时、妥善地解决工作中出现的问题，让大家更好地工作，为宾客做出更好的服务。

①在工作中作出与本部门服务人员相关的决定时，要告诉他们，“我们”将做这件事，而不是“你们”做这件事。

②告诉你要求他们照你的方法做的道理。

③让服务员成为作决定时的一分子，让其感觉到自己的价值。

④要努力学会与每一位个性不同的员工相处。

⑤服务员工作表现好的时候，一定要告诉他们自己。

⑥对待员工一定要真诚。

⑦要沟通协调好部门中非正式小团体与部门团队的关系，保证其目标一致，或至少不能让两者的目标产生冲突。

5. 提高安全意识，加强安全管理

前厅部作为酒店的一线部门，面临着接待宾客多，信息交换量大，以及业务涉及面广等问题，因此，安全工作对于前厅部就显得格外重要。前厅部的安全工作主要涉及住店宾客的信息、账目和行李寄存，总机火警监控和紧急广播管理、部门消防安全管理，等等。

为此，前厅经理需要制定和强调宾客入住登记及户籍传送制度，严格按照国家政策要求，严把入住登记关，保存好入住宾客的登记资料，系统存档，及时向公安机关传输宾客资料。同时还需要做好住店宾客查询访客制度，避免不法分子对宾客造成侵害。

对前厅员工进行推销常识培训

酒店前厅部的首要任务就是接待宾客、销售客房，同时还需要兼顾其他酒店产品的推销。这就要求所有的前厅员工都要相当熟悉酒店的产品，并且善于观察和分析宾客的消费心理，恰到好处地为宾客安排房间、提供服务，这样，既照顾了酒店的利益，又照顾了宾客的心理，两全其美。为了实现这些，就需要前厅经理在日常工作中有针对性地对前厅员工进行一些推销必备常识的培训。

1. 悉知酒店内的具体情况

前厅服务员要详细了解酒店设计特点、装饰、布置、陈列以及酒店的各种服务设施、服务项目、娱乐项目，特别是客房的种类及其特点和酒店的价格政策。

2. 给宾客介绍过程中需要强调酒店的特色

前厅服务人员在接待宾客时，主要是向其介绍本酒店与其他酒店相比的不同之处及其特色优势，例如：本酒店有着最为舒适的客房，极具个性风格，或是具有设备齐全的配套服务设施，等等。同时还需要突出本酒店有利的环境、位置，比如：酒店地理环境幽雅安静，园林式特点突出等等。

3. 迅速与宾客建立良好的关系

当宾客到店时，前厅服务员应首先向宾客表示欢迎，并向宾客介绍本酒店的情况，若正在接听电话或为其他宾客办理事情，对新到的宾客也要热情打招呼或友好示意，让宾客知道你已注意到他的到来，不使其感到被冷落。

如果宾客有什么疑难，前厅服务人员要及时帮他们排忧解难，若宾客因某种原因改变住店计划，也要热情地为其介绍别的酒店。有的宾客需要酒店资料或者了解情况，要热情接待尽量满足他们的要求，要认识到他们是酒店的宾客或未来的宾客，必须给他们留下良好的印象。

前厅经理的培训

1. 职前培训

快捷酒店的前厅经理要有放眼全局的意识，也就是眼光不能只放在自己的部门上，对其他部门不能抱有“事不关己高高挂起”的思想，因此，酒店对于前厅经理也必须要进行必要的职前培训。

（1）培养前厅经理公平、公正和公开的管理方法

前厅经理只有在处理事情时努力做到公平、公正、公开，才能使本部门的服务人员更加信服，从而更好地为酒店服务，毕竟，员工才是酒店发展的基础，酒店的成功首先是对员工的成功管理，而受到正确对待的员工则更能发挥出强大的能量。

（2）培养前厅经理承担责任的勇气

前厅经理在遇到问题时首先要尽可能地解决问题，而不是推诿责任，事后再来总结得失。

（3）培养前厅经理调动员工积极性的能力

众所周知，酒店的工作大部分都是枯燥而繁琐的，加上生活上的其他一些原因，前厅服务员们难免有情绪低落的时候，如果任由其不满甚至悲观的气氛一直压抑着，那么即便正常工作能够完成，也不可能为宾客提供十分满意的服务。

俗话说：细节决定成败。酒店管理无大事，只有做好点滴小事，才能成就大事。而酒店内服务质量的高低更是取决于细节。因此，前厅经理只有有效地调动起部门员工的工作积极性，将细节工作做到位，才能使宾客真切感受到酒店的高质量服务，进而使其对酒店产生好印象。

2. 在职培训

首先，前厅经理要有一个好的工作态度，要树立正确的人生观、价值观。这就需要酒店对其进行在职培训，有计划、有针对性地开展

提高前厅经理职业道德素质的学习教育活动，树立全心全意的服务理念。通过培训、学习，来不断提高前厅经理的业务技能与水平，提高办事效率。

其次，前厅经理一定要严格纪律、树立自身形象。纪律是一个团体范围正常工作和生活所必须遵守的行为规则，同时也是快速提高部门战斗力的有效保障。古人云："无规矩不成方圆"，所以，前厅的服务必须以严格的组织纪律作保障，这就需要前厅经理带头做好榜样。

第三，前厅经理需要拥有一种创新管理的能力。举个例子来说，比如创新宿舍管理。宿舍的管理历来是酒店中的一个薄弱环节，前厅经理如果能为服务员们打造出一个真正的"舒适家园"，那么，这些服务员就会更加用心地去工作，更好地为宾客进行服务，也就能有效提高酒店的经营状况。

第四，前厅经理需要具有角色适时转换的意识，变管理型为服务型，即自身转变为住宿宾客的服务员。酒店宾客来自四面八方，特别需要得到关心和照顾，这个时候就需要前厅经理及其部门服务人员多关注住店宾客的各种需求，使他们感受到家庭般的温暖。

前厅经理要有效激励员工

激励就是激发和鼓励的意思。在酒店的管理工作中，可以把激励定义为：为了达到酒店的经营目的，通过满足员工的生理、愿望、兴趣、情感等需要，有效地启迪员工的心灵，达到挖掘员工潜力的管理手段。换句话说，激励也就是为了让某一个人更好地去做好某事，而这个“某事”肯定是与酒店的目标相关联。

为了不断提高酒店的品牌效应和信誉度，激发员工崇高的主人翁精神及责任意识，对在酒店经营过程中做出重大贡献和在保护宾客、员工、酒店财产及人身安全方面做出表率的部门或员工，前厅经理应给予适当的表扬、激励，充分肯定其高尚的职业品德、良好的个人素质和团队的凝聚力。

前厅部的工作，常常是日复一日永不变化地运转，就算创新，也不可能每天都有创新。因此，美国通用食品公司总裁杰克·弗朗西斯曾说：“你可以买到一个人的时间，你可以雇用一个人到指定的岗位工作，你甚至可以买到按日计算的技术操作，但你买不到热情，买不到主动，你买不到全身心的投入，而你又不得不设法争取这些。”

所以，前厅经理还需要进行的一项工作就是如何去激发员工的热情，让大家始终以热情的心态为宾客提供优质的服务。要理解，宾客是上帝，是花钱来享受的，所以难免有时候声音大一点，不耐烦一点， 甚至蛮不讲理一点，作为酒店服务人员对此都要给予理解才对。

作为前厅经理，除了自己对酒店宾客从容面对，笑脸相迎以外，还必须使出浑身解数、极致魅力，调动前厅部服务员们的热情， 迎难而上， 努力为宾客创造一个和谐、愉快的住宿氛围。

对酒店来说，在了解员工需要的基础上，设置某些既可以满足员工需要，又符合酒店要求的目标，通过目标导向，使员工产生有利于酒店的优势动机，并按酒店所需要的方式行动，这就是激励的机理。将这一机理贯穿于酒店管理的制度安排中，就是激励机制。

简单地说，如果员工付出了最大的努力，前厅经理就要让其在绩效评估中体现出来，紧接着就是使其得到应有的奖励。激励通常有物质奖励、通报表扬和酒店特别奖励这三种表现形式。比如：在个人工作职责外，前厅部的服务员主动向宾客、员工提供其他帮助，受到宾客及同事高度赞扬者，酒店内部就可以把事情经过于酒店宣传栏内通报进行表扬，并酌情给予物质奖励；因积极主动协助，而免使宾客、酒店、员工财产遭受损失者，根据其价值，并视情况给予精神表扬和物质奖励，等等。

第三节　前厅领班及服务员的岗位职责

前厅领班的工作职责

酒店前厅领班的工作既繁琐又重要，其具体的工作职责如下：

（1）每天都需要在白板上更新值班经理、房间出租情况、会议情况、重要通知与信息等内容。

（2）在前厅员工每班交班前主持召开班前会。主要检查服务人员的仪容仪表、宣讲酒店事业理念、传达上级指示、强调当天重要接待应注意事项、需跟进事宜、酒店最新通知与信息、收集员工反映的问题等。

（3）每天到财务部门领取前厅备用金。如遇放长假应提前借取备用金，不定时对前厅备用金进行抽查。

（4）每天检查前厅的清洁卫生。

（5）每天检查所有宾客的入住资料和住宿登记表的填写是否正确。

（6）每天检查客房入住有无问题，若有房态上的差异，应作出正确的处理措施。

（7）每天跟进已退未结的账目，并及时处理。

（8）每周对前厅所有设备进行检查，有问题的及时报修；每周对前厅所需物品进行检查，并及时补足，如遇放长假应提前多作准备。

（9）根据当天到店的散客人数、团体数量及到店时间，合理地安排好员工的工作及用餐时间。

（10）保证前厅员工力尽所能地根据宾客的要求提供服务。

（11）安排及监督前厅员工按规范程序工作，定期或不定期地向上级汇报。当前厅员工有疑问时，应协助他们完成工作，兼顾员工的日常工作及与员工保持良好的关系。

（12）做好前厅每位员工的排班、考勤、绩效考核，由前厅部经理审批。

（13）参加每周前厅部例会，对重要的及难以解决的事情予以反映，记录会议所提供的资料和所做的指示。

（14）完成上级交给的其他任务，以身作则，在执行酒店的各项规章制度上做好模范带头作用。

前厅服务员的工作职责

酒店前厅服务员主要是为宾客提供预订、接待、问询、结账等服务，在服务的同时要做到主动、热情、耐心、细致、准确、高效，严格执行酒店各项服务标准，树立酒店良好的品牌和公众形象。其工作职责主要包括：

（1）准确掌握和了解客房状态、价格等信息，积极有效地向宾客进行客房及服务项目推销。

（2）接班时要熟知当班预订状况，负责散客（电话、上门、网络、协议）的预订服务；做好传真收发、预订确认工作。准确做好班前的准备工作，认真检查电脑、计算器、打印机、验钞机、制卡机、POS机、扫描仪、保险柜等设备工作是否正常，并及时做好清洁保养工作。

（3）为散客、团队、会务宾客办理入住登记手续，发放、回收房卡及磁卡钥匙，并及时登记《旅客住宿登记本》。

（4）负责向宾客介绍酒店会员制度，积极出售会员卡，并按制度为宾客办理会员的入住手续。负责住宿预收款的足额收取，准确熟练地收、点、查宾客交付的各种现金、支票，同时还要严格遵守酒店内的各项财务制度和操作程序，做好欠款催收工作，并做好催收记录。票据必须与账单核对相符，不同币种和不同票据分别填写在缴款袋上。收费结束一定要打印好宾客各项收费账单，并开具发票。

（5）按标准及时准确地将入住宾客信息输入电脑，执行好中外宾信息传送工作。

（6）按规定程序为宾客提供行李寄存、问讯、叫醒、开门、留言、物品租用等服务。

（7）负责办理宾客的换房手续和离店结账手续。保存好住店宾客的资料。做好宾客遗留物品的登记、保管和核对归还工作。

（8）负责酒店电话业务和促销房价的解释工作，详细为住店宾客提供各项商务咨询。

（9）负责提供宾客电话和访客查询，办理访客登记手续；做好住店宾客资料信息的安全保密工作。

（10）要确认每天收入的现款，按时结交每日的营业款项，同时还要认真做好交接班手续和情况记录，需要注意的是钱物的交割一定要清楚明了，不清楚的地方一定要及时提出，只有确认无误后才能签字确认，切记要遵循“前账不清后账不接”的原则。按规定开展催账工作，负责制作酒店的营业日报。

（11）负责前厅内的卫生保洁工作及设备设施的维护。做好宾客损坏酒店物品进行赔偿的处理工作，并报告上级主管。同时耐心接受宾客投诉，并及时向上级报告宾客意见和诉求。

（12）熟悉酒店安全规范，做好可疑宾客的监控工作，发现问题及时报告。

（13）按规定程序核对房态和房账，发现差异及时更正。

（14）做好房卡收发和寄存工作，同时还要全面负责接受酒店设施设备的报修工作，并及时报告工程部人员。

（15）负责夜间审核，对各类折扣审批权限、发票、转账单等凭证进行审核，并和实际房态及电脑账目核对，实施电脑夜审过账。

（16）在出色完成本职岗位工作前提下，积极主动申请、参与上一级岗位内容培训。积极主动地学习岗位专业技能和相关行业知识，同时还要熟悉本地的政治、经济、旅游、交通，以及民风民俗等相关信息，以便在面对宾客的问询和需要时，及时地提供帮助。

（17）按照银行的有关规定做好外币兑换工作，切实执行外汇管理制度，准确掌握当日外币牌价，不得套取外汇，也不得私自兑换外汇。如果在兑换中出现一些差错时，应及时汇报，及时处理。熟悉和掌握各种外币现金票面额、支票和信用卡，同时还要熟悉现钞、支票、信用卡的真伪识别方法。对此如有任何疑问都需要立即同银行有关部门联系。

（18）妥善保管好各种货币和凭证，必须按时进行复核，每天做好兑换日报表，并及时与银行做好收款的交换。

（19）备用金不得以白条抵库，未经批准，不得将营业收入现金借给任何部门和个人。

（20）前厅的管理软件及其使用密码要进行有效的妥善保管，切勿共用或让他人使用。

前厅服务员必备素质

酒店前厅往往被认为是整个酒店的核心部门，无论是在前厅设置、员工素质还是在管理手段上都要求高于其他部门。其中，酒店对前厅员工的素质要求包括：

1. 良好的仪容仪表

前厅服务员必须具备良好的仪容仪表。这是因为好的仪容和仪表，能够恰到好处地反映和显示出服务员的个人素养以及对于工作的信心和热情，更好地彰显出酒店规范化管理的内涵。

2. 良好的修养和人际关系

前厅服务员需要接受过良好的教育及专业训练，具备文明的举止和优雅的谈吐，能够做到尊重宾客和控制自身的情绪。善于交际，与人为善，热情好客，乐于助人。

3. 高度的责任心

前厅服务员必须努力做到准时上、下班，有着高度的工作责任心。能够做到言而有信，言行一致。

4. 准确的理解力和良好的协调能力

前厅服务员要善解人意，能迅速、正确地领会宾客需求，处理问题时能够做到通情达理，对客服务准确无误，不易发生差错，并且具有良好的团体协作精神。

5. 具备较强的表达能力和一颗上进的事业心

前厅服务员要始终保持精明能干的作风，拥有较强的应变能力和口头表达能力。同时还要有耐心和幽默感，耐心可以确保自己在非正常情况下不急不躁，言谈举止礼貌有分寸，幽默感可以随时随地化解尴尬的处境。

6. 真诚服务

前厅服务员在为宾客提供服务时要遵循“顾客至上”“顾客是上帝”“一切为了顾客满意”等宗旨，以亲切真诚的微笑服务于来自四海的宾客。

前厅服务员必备的职业技能及职业操守

（1）如果是前厅试用期员工，要务必在试用期内快速、完整、熟练地掌握前厅系统操作，有不懂之处应主动询问学习。

（2）熟知本酒店的地理位置，哪些公交车能到，离酒店最近的地铁口在哪里，会使用百度地图为将要到店宾客进行引路指导。

（3）本酒店的营收入情况属于商业秘密，不得向本酒店领导以外的任何人透露。

（4）熟知本酒店的人事管理体系，知道特殊情况发生立刻找哪个部门哪位领导解决。

（5）熟知本酒店会员制度以及房间价格体系。

（6）熟知本酒店附近的商业业态，以便更好地给宾客提供综合性服务。

（7）熟知本酒店与周边酒店的区别及本酒店在价格及设备上的优势。

（8）当班期间随时与客房沟通，意思表达要准确到位。例如：XX房间查房，XX房间入住，XX房间要打扫卫生等。

（9）在任何情况下都要以解决宾客的需要为先，自己的问题等到宾客离开后再解决，严禁当着宾客的面讨论工作问题或私人问题。

（10）前厅人员没有私改房态的权力，遇到宾客紧急入住时应及时通知客房主管或客房服务员放房，禁止私改房态又开重房者。

（11）严格遵守公安局规定的实名登记入住制度，一客一证。

第2章

快捷酒店前厅预订服务

前厅的预订服务主要是接受宾客以电话、电脑、电传、传真、信函、电子邮件或口头等形式所做的预订；负责与有关公司、旅行社等提供客源的单位建立业务关系，尽力推销客房并了解委托单位接待要求；及时向前厅部经理及客房主管提供有关客房预订资料。

第一节　不同的预订形式

电话预订

这是一个信息化社会，人们在工作生活中追求的是速度和效率，而对于预订酒店来说，直接打电话不失为一种最为快速便捷的方式。在接到宾客电话预订时，前厅服务员要努力做到没有事故、没有差错、杜绝有移后电话的现象。同时前厅服务员平时还要多学习多看资料，刻苦钻研业务知识，熟练掌握接转范围内的各项业务及有关规定。

前厅服务员接电话的最基本要求是快、准、通、好，具体如下：

（1）必须在铃响三声内接听电话。接听之后，首先问候宾客，之后询问事宜。

（2）询问宾客的姓名及联系电话以及预订房间数，并按姓在前，名在后的次序进行记录，中文名注意辨别同音字，英文名注意拼写正确。宾客回答后要及时重复以确认。

（3）询问是散客还是公司订房，如果是公司的话，一定要询问公司名称和入住时间，确认预订期限；之后迅速查看预订当日客房状态，判断能否受理。

（4）如果不能受理，要委婉拒绝；如果能受理，要及时询问入住时间，比如宾客抵达时间或航班（车次）等，如果宾客无法明确自己抵达时间的话，需要向宾客说明，酒店只能保留房间到入住当天的18：00。也就是说如果宾客抵达时间超过18：00的话可能就会面临无房的局面。假如宾客极力要求保留客房，则可视情况保留房间至宾客到达（一般会要求宾客提供信用卡担保等）。

（5）及时推销房间，如果宾客确认入住酒店的话，服务员要在电话中按照从高价到低价的顺序，介绍房间种类和房价，切记一次只需要报2~3种，这样能够方便宾客进行选择。

（6）确定房间类型后，还要及时询问宾客的一些特殊要求，像是否需要接机、订票、订会议室等等，宾客提出要求之后，服务员要详细记录并予以落实。

（7）询问宾客入住时的付款方式，确认之后，要将宾客付款方式在预订单上注明。如果是由公司或者旅行社进行结账的情况，那么可以要求公司或者旅行社在宾客抵达前以支票或其他方式作预订担保。

（8）所有的询问完成之后，最后一步是再次确认预订。首先要确认宾客姓名，之后确认订房种类、房价以及房数、入住期限、抵店时间。接着就是确认付款方式和一些特殊要求，最后确认预订联络人情况。接着复述宾客预订内容，向宾客核对确认。

（9）核对确认后，服务员首先向宾客表示感谢，并说：“期待您的光临。”同时告知宾客如有变更请及时与酒店联系。

（10）及时进行存档，根据预订要求，填写《订房单》，之后还要将《订房单》按日期存入预订文档夹中。

网上预订

在现代社会中，网上订酒店不仅方便，而且选择多，所以受到了宾客们的欢迎。但是网络预订和电话预订以及前厅直接预订存在着很大不同，就是不能直接和前厅服务员进行交流。那么，宾客在网上进行预订时，酒店前厅部的服务员都要做哪些工作呢？

很多时候，大家都会在酒店的网站或网页上进行，所以一家快捷酒店首先要有一个非常夺人眼球的网站或网页。之后，在网页明显处，标明如果注册会员的话还能给予优惠，那么，宾客就会很自然地注册会员。

当会员注册成功后，宾客们就能进入预订网页进行客房预订，这就需要网站或网页上能够有一些客房的分类、价格和入住时间等。能够做到让宾客点击“搜索”或者是“查找”等类似的按键，即可以进入到酒店搜索结果的界面。

宾客在进行一番挑选之后，就会确认自己入住的客房，这个时候就要有一个确认页面，能够让宾客确认预订，很多时候宾客也会浏览一些住过这家快捷酒店网友的评价。当宾客确认要预订之后，还需要填写订单。一般酒店的预订订单填写都是非常简单的，基本上就是填写有几个人入住、到店的时间、对房间和房型有没有什么要求之类。

最后一步就是提交订单。等到宾客提交订单之后，就要求前厅服务员要及时浏览，然后发送短信或者是以邮件的形式通知宾客预订是否成功。

除此之外，当宾客在网上预订酒店的时候，还可以给予他们选择网上付款或是到店付款的多种方式，这样能让宾客根据自己的行程进行确认。

面谈预订和传真预订

在酒店预订中，最传统的一种预订方式是面谈预订。当宾客面谈预订时，前厅服务员可让宾客填写书面预订单，之后详细阅读宾客所填写的预订书面信息，如有疑问之处及时和宾客进行沟通。之后就是确定预订，保存好预订单。

还有一种是直接口头预订，当宾客来到前厅后，服务员要及时礼貌热情地问好，询问是否需要帮助，宾客说要进行客房预订后，前厅服务员要询问时间和房型，确认后，再问清宾客的姓名和联系方式，抵店当天是否需要接车等服务。之后询问宾客付款方式，填写预订单并输入电脑，之后按日期存放订单。

针对那些距离预订日期较远的预订，在宾客抵店前服务员大多数情况下都应该通过电话或传真方式与宾客进行再次复核，以免宾客由于多种原因取消或修改预订。

经确认的预订，宾客在抵店前，还是可能对预订内容作出更改，甚至取消。此时服务员必须填写预订变更单或预订取消单。

而当宾客利用传真预订客房时，前厅服务员要做到：

1.快速接收预订

首先需要仔细阅读有关预订的函电内容，查看与预订单上所要求的信息是否齐全。同时还要查询宾客预订期间的客房预订状态。

2.一切确认无误后，给宾客及时回复传真

前厅服务员要切记，不管宾客是否要求，收到传真预订后都应在当日进行回复，一些加急的函电则需要立即回复。在回复传真时，要多使用标准预订确认函和通用的缩写方式。

3.详细记录预订情况，并及时进行存档

前厅服务员不仅要将有关预订的往来函电与填好的预订单第二联附在一起，而且还要按日期进行存档。如果宾客有特殊要求或是需要接机服务时，则前厅服务员必须将此传真与预订单的第一联附在一起，之后上交前厅经理。

特别需要注意的事项有：

（1）对利用传真进行客房预订的宾客或公司团队等，必须及时用电话核对和传真确认，一般这个时间保持在10分钟以内为最佳。对能确认的传真预订，预订员要在传真来函上盖“确认”章，之后进行签名后回传，切记要将预订信息及时录进电脑中。

（2）在接受预订时，前厅服务员要主动向宾客询问和介绍推荐。很多时候，宾客预订时经常会有意无意地对酒店客房的房价产生不满，这个时候，作为前厅的服务员一定要善于将宾客对房价的注意

力尽量转移至本酒店的客房特色上，之后婉转地表达出房价与客房的实际价值是相符的。

（3）一定要避免出现客房空置或者超订无法安排住宿的情况发生。

第二节　宾客预订服务流程

预订管理制度

1.总则

（1）目的

为了能够有效地满足宾客的需求，为宾客提供及时、准确的预订服务，规范预订服务管理流程，特制定本制度。

（2）适用范围

通常适用于在快捷酒店内部宾客提出的所有预订服务项目。

2.预订流程

（1）不管是电话预订、网上预订、面谈预订还是传真预订，预订人员只要接收到宾客的预订，都需要及时进行处理。

（2）预订人员要认真记录宾客预订内容及要求，并查看酒店预订表，确定能否接受预订，是否能够满足宾客要求的条件。若是能够接受宾客预订，预订人员应及时向宾客反馈信息，并与宾客核实预订内容后填写清楚预订单。

（3）等到预订单填写完毕后，预订人员还要检查确保无误后方可进行保存，并及时汇总预订信息，上报预订处主管，之后还要根据宾客到店时间情况提前发送相关部门，以便能够做好接待准备。

（4）待到店预订客房的宾客在预订完毕出店后，预订人员应立即将宾客的证件复印件附在预订单上，并且进行妥善的保管，以免发生差错。

3.核对和确定预订

（1）第一次核对

在宾客即将抵店时的前半个月，快捷酒店前厅部的预订人员就应当直接与当初订房的宾客联系，不仅需要核实入住人数、房间类型、时间和离店时间，同时还需要在电脑和档案中记录下来。如果与当初的信息有差异，以这次为准。

（2）第二次核对

第二次核对是要在宾客进店前的一周进行，这次核对主要是针对那些没有明确抵达时间和航班的预订宾客们，要致电询问其具体的抵店时间；同时还需要检查第一次核对过的预订内容是否已齐全，如有遗漏，询问宾客后更改。

（3）第三次核对

第三次核对是要在宾客即将入住之前进行，快捷酒店前厅部的预订人员在前两次核对的基础上，需要进行以下核对工作：

①为了避免宾客入住时间与预订不同，预订人员要再次核对所有的来往函电与预订单内容是否一致。

②在预订单中找出那些未保证预订的，然后主动联系宾客，确认宾客的名字、人数、房间数、客房种类、价格、抵离店时间和付款方式等，预订人员要努力做到使每个预订清楚、准确、完整、可靠。

③团队预订的第三次核对工作主要是需要核对团队的房间数、人数、抵离日期，以及是否如期收到住房名单和是否按协议支付房费等。

4.取消预订管理

（1）如果快捷酒店前厅部的预订人员突然接到宾客取消预订的要求，不要只是口头直接答应取消预订，而是应当认真审阅取消预订的函电，一定要确保信息准确。同时还需要记录取消预订人姓名、联系电话和单位地址等等，如果有条件的话最好请宾客提供书面证明。

（2）得到宾客证明后，快捷酒店前厅部的预订人员需要找出原始预订单，在预订单上注明“取消”字样。

（3）之后还要拟写回复函电稿，确认宾客取消预订，然后由前厅经理审阅签发。

（4）快捷酒店前厅部的预订人员在确认取消预订后，需要立即更改房间流量控制表。

（5）按协议退还订金和预付房费或取消预订费，分别复印宾客取消预订函电和原始预订单，交前厅收银处。

（6）仔细核查那些准备取消预订的宾客是否在当初预订时有这些特殊要求，比如订票、订餐、订车等业务，预订人员需要及时通知有关部门。

5.特殊预订管理

（1）宾客指定房间

对于有着特殊预订房间要求的宾客，预订人员首先要做的是通过电脑尽快查明宾客要求的居住时间内指定的房间是否可以出租。如果没有问题，可以接受宾客的预订，并把该房间在电脑中锁定，在预订单上注明房号。其他程序与一般宾客预订相同。

（2）优惠预订

针对优惠预订，预订员需要将优惠房价注明在预订单上，上报领导，由领导签字。

6.预订金的收取

当宾客要求预订员保证其预订时，为了避免因宾客未到造成酒店的经济损失，前厅部的预订员应请宾客预付定金，并给出定金收据，之后还需要在预订单上详细注明定金的金额，然后输入电脑，以保证宾客的预订，同时向宾客讲明如若取消定金预订，应在抵达日前24小时办理取消手续，如果不能按时抵达，则定金不予退还。

7.其他预订情况处理规定

（1）超额预订情况

如果快捷酒店前厅部的预订人员发现已经出现了超额预订的情况，需要首先告知预订宾客因某些特殊原因而使订房暂不能确定，如果宾客愿意，可把宾客的预订放在酒店的优先等待名单上，如有宾客取消预订或提前退房，可以根据前后次序安排宾客入住。

（2）预订未到情况

详细了解宾客未到原因，之后将之前的预订单取出注明“未到”字样并存档，每日统计并计入营业日报表。

（3）婉拒预订情况

根据客房预订情况，如果酒店客房出现紧缺时，预订人员要按照预订处主管的指示，礼貌而委婉地拒绝宾客。

更改和取消预订

如果宾客更改预订，那么酒店前厅部服务员需要做到：

1.核对宾客信息

当宾客需要更改预订时，找出原始预订单后，核查宾客的姓名、原预订人数、房间数、房间的价格以及原预订期限等，除此之外，还需要询问宾客要更改的日期，房数或其他要求。

2.和宾客确认更改

查询客房可预订状态，之后和宾客确定更改订房要求，如果是有房间可销售，便可确认更改预订，并重新填写预订单，同时记录下预订更改宾客的姓名、联系电话及以何种方式更改，最后将更改信息输入电脑，在原预订单上注明“更改”字样。

如果宾客更改预订日期后，服务人员发现无房时，应做到：首先向宾客道歉，在道歉的过程中，要简单说明出现这种情况的原因，同时要尽量争取宾客的谅解。

然后询问宾客是否可以改变日期或建议预订其他类型的房间，如果宾客对提议不认同，可以建议将宾客暂时列入预订候补名单内。

3.善后工作

前厅服务人员要对宾客的理解和支持表示感谢，并及时进行有关通知，以便于酒店内出现任何情况时都能及时跟宾客取得联系。

当宾客取消客房预订时，前厅服务员需要做到：

1. 核对信息

前厅服务员要询问要求取消预订的宾客的姓名、预订期限、房类并与档案柜中原预订单进行核对，之后详细询问和记录取消时间、取消方式及原因。

2.取消确认

复述上述内容与宾客进行再次确认，得到宾客的认可。

3.取消处理

首先要感谢宾客将取消预订要求及时通知酒店，然后询问宾客是否需要做下一个阶段的预订，之后将原预订单上注明“取消”字样，并在上面记录取消预订人的姓名、联系电话、取消日期、取消方式及原因等，最后将预订取消的信息输入电脑，进行存档。

处理超额预订

超额预订是指酒店在一定时期内，有意识地使其所接受的客房预订数超过其客房接待能力的一种预订现象，其目的是充分利用酒店客房，提高开房率。为了有效避免不必要的经济损失，超额预订应该有个“度”的限制，通常，酒店接受超额预订的比例应控制在10%～20%之间，具体而言，各酒店应根据各自的实际情况，合理掌握超额预订的“度”。

酒店如果因超额预订而不能使宾客入住，按照行业惯例，应该做到：

（1）诚恳地向宾客道歉，并且请求谅解。

（2）之后立即联系另一家与自己级别相同的酒店，请求援助。同时，派车将宾客免费送往这家酒店。

（3）如果宾客是连续住宿的话，则可在酒店有空房的第一时间通知宾客，在宾客愿意的情况下，再把宾客接回来，并对其表示欢迎。

（4）对提供援助的酒店同行表示感谢。

（5）在宾客抵店住宿的时候，如果发现其所订房型没有时，首先应向宾客道歉，说明原因。同时酒店需要给予宾客免费升级到价高的房型， 如调整之后的客房只有同价而不同房型时，服务员还要做好安抚工作，一定要记得是在征得宾客同意的前提下，给宾客进行调整。虽然原则上保留房按照既定房型、数量提供。但是当酒店保留房中某种房型无法提供的时候，还需要服务员事先与酒店内部工作人员沟通调整为其他房型，保留房总数不变。

如果不能入住的宾客属于保证类预订，则除了采取以上措施以外，还应视具体情况，为宾客提供以下帮助：

（1）免费为宾客提供一次长途电话或传真服务，以便宾客能够将临时改变地址的情况通知有关方面。

（2）支付其在其他酒店住宿期间的第一夜房费，或宾客搬回酒店后可享受一天免费房的待遇。

（3）日排房时，首先考虑此类宾客的用房安排。

对于超额预订数的确定，酒店前厅部的工作人员要按照预订而未到宾客之比率、提前退房率以及延期住店率等来进行大致计算。

超额预订房的数量公式为：$X=Qr-Df$（X为超订量；Q为客房预订量；r为临时取消的百分比；D为预计离店人数；f为延期住宿人数）

婉拒宾客预订处理

如果酒店没有可售空房，根本无法接受宾客的预订时，前厅服务员对宾客的预订要加以婉拒。但需要切记的是：婉拒预订时不能因为未能符合宾客的最初要求而终止服务，而是应该主动提出一系列可供宾客选择的建议。

总之一句话就是，为了保证酒店在宾客心目中的良好形象和促进酒店客房的销售，一定要用建议代替简单的拒绝。

前厅服务员对婉拒预订应该有正确的认识，这些宾客将是酒店的潜在客户，因此婉拒预订时一定要多注意方式和方法。

（1）不管是否有房，都需要预订人员立即回答或回复函电，首先是向宾客说明其要求预订的日期本酒店内的客房已订满，对不能满足宾客的要求表达十万分的歉意。

（2）有时，前厅部为了婉拒起见，都会采用候补预订的方式。如果是进行候补预订，则必须向宾客说明具体情况，也就是说候补预订是不予保证的。

（3）如果进行候补预订，则需要服务员填写《候补预订单》，在上面注明预订宾客的姓名及通信方法，以便及时联络，之后将《候补预订单》存放在指定地点。

（4）服务员如果遇到难以婉拒的宾客，则需要及时请示前厅经理。

担保预订处理

担保预订是指在特殊情况下，为了按照宾客的要求保留房间而制定的一种特殊的预订方式，如果宾客未按预订入住，酒店有权扣除全部或部分房费。前厅部的预订人员在处理担保预订时，要做到以下几点要求：

1. 告知规定

当宾客订房后不能确定自己具体的抵店时间，但要求酒店必须保留房间时，预订员就需要礼貌地、客气地、耐心地、准确无误地向宾客解释酒店的规定：酒店有权力在宾客预订抵达的当天18：00之后取消预订，而且无须另行通知；同时宾客还需要做担保预订，也就是说，即使宾客没有如期住店，也要支付一晚房费，否则必须在当天18：00以前取消预订。

2. 记录担保

当宾客同意进行担保预订后，前厅服务员需要在预订单上准确记录担保预订人的姓名及联系电话。

3.担保落实

若服务员收到传真，上有“本人或公司愿承担一晚损失费”字样，应当迅速从电脑中查询出预订号码并抄写在传真的右上角，并按宾客抵达日期和姓名的字母顺序找出预订单，将其传真放置预订单上页，并将电脑中的光标移至担保一栏输入英文字母“G/FAX”即表示传真担保。

而如若宾客采用信用卡担保方式，则需要预订员从宾客那里获得信用卡号后，准确填写在信用卡一档中。

4.复查核对

等到预订信息输入完毕后，前厅工作人员必须在电脑屏幕的右下角找出“GUARANTEED”英文字样，这是表示电脑已完成担保预订。

5 存档备查

前厅服务员须将担保预订按宾客抵达日期、宾客姓氏的第一个字顺序存档，以备查询。

为了保证酒店预订房间的入住率，保障酒店的切身利益，前厅在宾客进行信用卡担保后，要为宾客全天保留房间。同时还需要做到：

（1）首先在宾客姓名后面加上“担保单”字样，并且在宾客要求处写明“信用卡担保订单，冻结宾客首晚房费。房间保留至第二天中午12:00”。

（2）所有担保单都由宾客签字后发传真给酒店。

（3）用卡担保订单是将宾客首晚房费冻结，宾客到店后，按照普通订单流程操作（交付押金，在PMS系统上将该订单标记为在住），宾客结账离店后，此订单应为离店状态，如订单状态为“未到”，服务员会根据此状态扣除已冻结的首晚房费。

第三节　非正常预订处理

酒店内部订房

在酒店行业中，内部订房时有发生。酒店内部人员订房的原因多是因为员工或领导工作繁忙，需要选择在酒店内住宿。

出现以上情况之后，酒店各部门经理需要填写一式两份的工作人员住宿要求书，详列工作人员的名称及住宿原因。前厅经理根据当天订房情形，许可住宿要求，并在要求书上签名，然后由前厅工作人员安排住宿工作人员的房间，还需前厅员工在人名资料架上写明内部用房。最后还需要通知保安部，以保障相应的安全。

预订宾客要求减少或增加房间数量

如果宾客入住酒店的时候要求减少当初订房的数量时，服务员需要做到：首先与宾客亲切交谈，详细而准确地了解宾客的情况，询问减少房间的原因。之后按照电脑中储存的订房人的姓名，准确无误地将宾客减少房间数量的原因记录在报表上。然后，由前厅领班审核无误后上报给前厅经理，再按照日期进行存档，以备日后查寻方便。

如果已经预订的宾客要求增加房间数量时，服务员需要做到：问清宾客的有关信息，如宾客的姓名、单位和抵达、离店日期等，之后根据宾客所提供的资料查找宾客的预订单，等到核对无误后再进行操作。

前厅服务员需要查看电脑中酒店客房的预订信息情况，判断是否可以接受宾客的要求，如果能，更改其预订单，若是不能，则需要向宾客推销其他类型的房间或婉言谢绝宾客的要求。

再次向宾客复述当前宾客预订房间数以及其他信息，之后还需要根据实际情况收取一定的保证金。

最后，服务员在更改预订单后，需要将已修改的预订单发送到有关部门。

宾客在预订房间时无理取闹

如果宾客在预订房间时嫌房价太贵而大吵大闹时，就需要前厅部的服务员妥善运用推销语言技巧，努力说服宾客。

先肯定房价高，然后就房价高的原因向宾客详细解释，例如：本酒店客房结构及配套设施完备、环境优越等。若宾客在这个时候还未下结论，服务员不妨采用对比法，将宾客所预订的房间与其他房间进行比较，然后建议宾客可以先考虑一下入住尝试，之后为宾客办理预订手续。

在这个过程当中一定要允许宾客再三考虑，同时在宾客考虑的过程当中，也要向他表明一定能使他感到物有所值。

在面对宾客要求预订指定房型、楼层、房号时，一般酒店内部通常是不接受指定房号的预订的，但如果宾客坚持，则尽量按其要求的房号安排。

其操作顺序是，首先预订员应根据宾客的预订日期，详细查看电脑预订情况和客房售出情况，从而判断是否能够接受宾客的指定性预订。如果宾客指定的房型、楼层和房号有空房时，可立即办理预订手续，把房间预留起来并输入电脑保存。

但是如果宾客指定的房型、楼层和房号没有空房时，则应向宾客说明情况后向其推销其他房间，比如请宾客选择其他类型的房间，如到时有空房再更换等。最后一定要向宾客说明，如果出现不能满足要求的情况，请求宾客谅解并作换房处理。

第3章

快捷酒店前厅接待服务

入住登记是前厅接待服务中比较繁杂和重要的后勤工作，它不仅占用的时间长，而且直接影响宾客对酒店的第一印象。大多数宾客经过紧张的旅途，到酒店时都希望尽快得到自己满意的房间，进房休息。作为前厅服务员，应在保证服务质量的前提下，尽量缩短办理入住登记的时间，按照接待程序做到准确、快捷和有条不紊。

第一节　宾客入住前厅接待服务

前厅排房技巧

负责分配房间的前厅员工必须了解和掌握酒店客房的优缺点、位置、房租标准以及当日和每日订房情况，在分配房间时要根据宾客的不同特点、档次及旅行社的要求和酒店房间的具体情况给予妥当的安排，一般的排房顺序为：

VIP客人；

特殊要求或特殊爱好者；

团队宾客；

已经预订的散客；

直接抵店的宾客。

排房的一般原则为：

（1）被排好的房间不能再做其他用途。

（2）在旺季，净房与脏房搭配，状态好的房间与有一定设施问题的房间搭配。以免后到的客人全都是脏房，或都是有一定设施问题的房间。淡季也要注意房间的平均使用，保持客房设施新旧程度均匀。

（3）排房时要考虑到原住宾客的离店时间和当天到达宾客的抵达时间，尽量把早走宾客的房间分给先到的宾客。

（4）根据宾客的档次安排房间和楼层的高低，对一般零散宾客，由于他们住酒店目的不同，在安排房间时要有所区别，如旅游者对房租较敏感，可以安排房租较低的房间；做生意的宾客，他们对房租不太敏感，可以安排房租较高的房间；旅行社或客户可以为酒店带来生意，可以安排位置、设施较好的房间。总之，要区别不同对象、不同需要，给予恰当安排。

（5）对于新婚夫妇，要安排大床房间，使他们感到酒店服务的周到、亲切。

（6）对年老、伤残者、带有小孩的宾客，一般应安排在低楼层，离电梯隔一到二间房，这是考虑到靠近电梯方便，而电梯边第一间可能有噪音。

散客排房技巧

（1）前厅服务员在排房前应认真审核订房单的要求。散客到店不规律，所以，散客房间只需当日早班安排，不需先做房卡。

（2）排房前浏览一下备注中是否有特殊要求，比如宾客要排几层、是否要靠近电梯、是否要几楼以上等等，有特殊要求的先安排，且打上“勿动”。

（3）优先给“VIP”宾客排房，

（4）对常客和新宾客，优先满足常客需求，

（5）预订时一般不告诉客人房号，如果已经告诉房号，就要在电脑内锁房。

团队排房技巧：

（1）前一天中班对次日团队排房，做房卡。

（2）排房时先查看备注，注意宾客是否有特殊要求。

（3）优先给VIP团、政府团排房。需要安排状态好、朝向好的房间。排房时注意保密、安全、卫生及服务方面等。然后排房间数多的团队；如房间数相同，优先安排网络团或房价高的团队。

（4）团队不要排到太高层，一是电梯很容易坐满，二是高层房间留给出高价的散客，能够给客人留下更好的入住体验，也减少投诉。

（5）当天预订已满时，不要着急排房，先了解一下有多少特殊要求的团队，优先安排有特殊要求的房间。

（6）团队房由低至高楼层开始排房间，但要避免大型团队房间集中，而小型团队房间分散的现象。如果是小型团队，则尽量安排在同一楼层。

（7）同时有不同团队，要把不同团队安排在不同楼层。

（8）尽量将同一团队安排在同一或相近楼层、同一房间类别，以免引发其他宾客异议。

（9）如有网络预订团队时，尽量安排状态较好、网络良好的房间，可以增加网络好评。

散客入住

面对散客入住酒店，前厅服务员应做到如下服务：

首先，当宾客进入大厅，还在距前厅两米远时，前厅的服务员就应目视宾客，向宾客微笑示意，并问候："先生/小姐，您好！（早上好/下午好/晚上好）"。不过，如果正在接听电话或是处理手头文件的时候，只需要留意宾客的到达，目视宾客，点头微笑，示意宾客稍候。

接下来，询问宾客是否有预订，如果有预订，可以请宾客稍等，并根据预订时使用的姓名或单位查找预订单，之后与宾客进行核对；如未预订，在有空房的情况下，应向宾客介绍可出租的房间的种类、价格和位置等等。等候宾客选择房间时，应当及时回答宾客的询问。而如果没有空房，则需要向宾客致歉，并介绍附近酒店的具体情况，询问是否需要帮助。可帮其联系。如果宾客只是询问，并非入住，服务员也不能敷衍了事，也应耐心解答宾客的询问。

如果宾客要入住本酒店，前厅服务员就要进行入住登记。具体程序是：将住宿登记单和笔递给宾客，请其填写。等到宾客填写完成后，核实人、证是否一致，此时需要对证件进行扫描并保存。接着核查住宿登记单是否填写齐全，如果发现有缺项或不详的情况应当询问宾客或根据证件补充完整，然后要求宾客签字。最后与宾客确认付款方式，是现金付款还是信用卡，亦或是挂账。

等到所有手续办理完成后，将证件和房卡一起交给宾客，并提醒初次到本酒店的宾客其所住房间的大概位置。如果宾客随身携带有大件行李，则可让行李员为其搬运。最后，将宾客的入住资料输入电脑。

需要注意的是，在进行入住登记时，服务员一定要解释清楚房价，特别是凌晨特价、钟房价和之后续住房价；在填写住宿登记单上，住几个人写几个人的名字，入住时要询问宾客住几天，以便刷几天的房卡，收几天的押金；一起入住的宾客押金单如果是分开写的，服务员要保证登记单也要分开写；宾客入住要主动询问如果有来电询问是否需要保密，如果遇到电话查询还需要询问宾客是否要转，要不要告之房号等等。有过生日的宾客或有特殊要求的，要及时通知客房。

团队入住

当前厅接到团体订房时，先要请团队负责人将有关资料传真到酒店前厅，然后将资料交给前厅经理，由前厅经理决定是否接待此团。如果决定接待此团队入住，前厅服务员要做好以下工作：

1.准备工作

可参考团队排房技巧。需要注意的是，如果团队抵店后，酒店内一时无房间预排时，可让宾客暂时等候，但要尽快排出房间；当班服务员要十分清楚每个团队领队的名字及联系电话，以及单位和之前所提的特殊事项。同时还要做好和客房、销售部的沟通。

2 迎候宾客

当团队抵店之后，前厅服务员首先根据宾客信息查找该团预订单，然后根据预订单信息与宾客核对人数、房间数，以及是否订餐等。等到所有的内容确认无误后，需要请其领队签单。如果遇到特殊情况，比如需要增减房间时，前厅服务员首先要礼貌征洵领队，并请其签字，然后通知客房做好相应变更。最后，要礼貌征询领队团队的活动安排，以便为宾客提供全方位服务。

3.宾客正式入住

当领队填写好入住登记单后，前厅服务员要立即统一清点房卡数，然后由领队分发给其队员。

4 资料存档

等到团队宾客入住之后，将其入住资料输入电脑，并通知客房，提醒团队住房，并告知该团领队的姓名及房号。另外，前厅服务员一定要将团队预订单留存好，特别是注明结账方式的单子。

行李的处理及保管

对于入住快捷酒店的宾客来说，来酒店住宿，行李是他们的必需品。宾客的行李也是属于宾客的财物，所以，作为酒店的服务员还要对宾客的行李予以爱护。宾客的行李若在酒店服务人员不慎处理下受损或遗失，那么就会对宾客产生一定的影响，甚至会造成诸多不便，更有可能需要酒店负责作出巨额的赔偿，最终对酒店的声誉造成一定的影响。

因此，快捷酒店针对宾客行李的处理及保管应该做到：

酒店的服务员在接收行李时，应多加注意行李的外表是否有损破或水渍，如出现上述任何情况之一，都应该立即避免移动，并且马上通知行李组主任转告宾客。

如果无上述情况，那么在移动宾客行李时，千万不可将行李压叠或倒置。例如：提入行李时，应手持行李把手，不可牵提手带或其他不堪负重的地方。同时，服务员还需要注意，在任何情形下，不得脚踢、拖拉、抛接、脚搭或坐在行李之上，而且暂卸行李的地方不应防碍交通及行人，地上要平坦及清洁。

行李的保管主要包括：

1. 散客行李保管

散客的行李需要暂存行李组的时候，首先需要将其资料如房号、客名、日期、时间及件数填上，之后再将行李放进贮藏室里，同时开出一张行李账据，撕下下方部分给宾客，上部分则挂于行李上。这个时候，快捷酒店的服务员还需要将资料记录在记录本上，以便查阅。等到宾客需要取行李时，必须交还收据给酒店的服务员，才可以放行李。

2. 团体行李保管

团体行李的保管，基本类似于散客行李保管，但是有时候，团体宾客也许会集体离开酒店一段时期到指定的旅游地区住宿，之后可能还会在回程时再入住酒店，在这样的情况下，他们不会携带全部行李随行，便会留下一些自身暂时不需要的行李在酒店内进行保存。

服务员应将其锁在行李室内，并于记录簿上填妥有关内容。根据记录，当得知该团体再次来到该酒店的时间时，服务员需要在当天把行李准备好，待团体到达时，向团体负责人取回收据，再将行李编上房号，一并送交宾客。

3. 收据处理

针对那些从宾客或团体负责人处取回的收据，前厅服务员应附贴在存根后面，保留至少一个月，以便有需要时查阅。

4. 遗失收据处理

如果宾客或团体负责人遗失了行李收据，服务员应通知行李组主任处理，等到情况调查属实之后，需要宾客签署收据遗失证明，服务员才可以放行李。

同行代付处理和续住

酒店前厅的服务员如果遇到宾客同行人员进行代付时，应当让其填写《宾客代付凭证》，之后代付宾客签字确认，紧接着服务员再利用PMS系统记录信息。如果代付是发生在宾客入住前，那么应由宾客的同行人员进行书面确认，之后交于前厅经理审批；如果代付发生在宾客结账时，前厅服务员就需要在打印账单后，请宾客签字确认；同时其他消费也要由宾客结清。

如果宾客是在原来预订时间的基础上进行续住，则需要服务员做到：

（1）首先热情礼貌地问清楚宾客的要求，以及宾客的姓名、房号、续住时间等等，同时还要了解宾客之前所住的房间是否已结账。

（2）了解当日和近日客房状态，之后要对宾客重申付款方式、房价等，如果宾客续住不能享受原优惠房价，一定要提前说明，必要时还可请示上级处理。

（3）确认延住天数。前厅服务员要核实酒店宾客所住的房间此时是否可以延住，此房在未来几天内是否已有人预订等，若有的话，请示前厅主管处理。

（4）根据电脑资料填写宾客续住登记表，注明续住时间和付款方式。

（5）利用电脑续住功能修改宾客离店日期并输入新房价，办理续住手续，办理方式与新开房程序相同。

（6）核对押金情况，如果足够用的话可以直接顺延，不够的话则需宾客补足押金。

（7）及时更改电脑信息，并通知客房服务中心宾客续住情况。

（8）重置房卡，并且再次欢迎宾客入住。

注意事项：

（1）如果是团队代付或旅行社代付的话，则需要联系负责团队的领头人，确认延住的付费方式，若仍是由旅行社付的话，让其签字确认。若是宾客自付的话，在确认延住后自付的房价和早餐问题后，让领头人下团队更改单。

（2）凌晨入住且天数为0时，前厅服务员要手抛一天的房费，并开手抛单。

（3）会议团队续住时，要先与销售代表确认团队续住的天数、价格以及结账方式等，之后再与宾客说明。

（4）凡是订单上有要求或是他人付费的情况均要特别注意房价保密问题。

换房

前厅服务员在接到宾客换房要求时，应当热情礼貌地问清宾客要求，然后视情况定夺。具体操作如下：

（1）确认宾客的房号和身份。之后还要了解宾客的付费方式，有无任何承付关系。

（2）接到宾客换房的要求时，询问宾客换房原因及对房间的要求。对于提出无理换房要求的要加以婉拒，合理换房要求的则要尽量满足。

（3）根据宾客要求，前厅服务员要选择适当的房间，并且为宾客办理换房手续。要特别注意，如果是因为酒店设施问题或是没有按宾客要求排房而造成的换房，一定要先诚恳地向宾客致歉。

（4）如果宾客要求的是不同类型房间，应与宾客确认房价的变更并让其在换房变价单上签字确认。若是有承付关系或是公司付费的情况下，前厅服务员更需要联系付费人。但切记不可当着宾客的面与付费人联系，以免造成尴尬局面出现。

除此之外，若是从高房价的房间换到低房价的房间，前厅服务员还需要上报前厅主管，在换房变价单上签字。

（5）填写换房单。前厅服务员要字迹清晰地填写宾客姓名、日期、换房原因等，由宾客签字确认。

（6）重新做房卡，之后需要通知客房部帮宾客换房。这样做的目的一方面是为了让客房部协助宾客换到新房间，另一方面也是为了“监督”宾客将旧房间腾出来，并收回旧房卡。

（7）更改电脑资料输入。

注意事项：

（1）换房时要注意宾客换到的房间是否以前有特殊要求。

（2）注意房型的变动问题和房价。

（3）不要轻易承诺宾客换房，如果承诺了就一定要跟办此事。

（4）换房时要注意早餐和协议单等。

（5）换房时，最好能够换同一楼层的房间。

（6）如果宾客换房的理由是需要加床，但是加床的空间又不够的话，前厅服务员可以建议宾客多开一间房，这样不仅比较方便，而且还能增加酒店的收入。

宾客看房程序

（1）当宾客来到酒店看房时，前厅服务人员首先要查看房态。

需要注意的是不能带宾客查看还未做清洁或是正在做清洁的房间，必须要选择已做清洁的较好的房间带宾客去看房。

（2）紧接着服务人员要通知楼层服务人员，然后可以这样告知宾客："XX先生/小姐，您参观的房间在X楼XX号，我们已经安排了服务员在楼层等您！"如果前厅服务员有时间的话，可选择陪同宾客进行看房。在看房的过程当中，可向宾客介绍酒店的产品，包括介绍酒店的房间设施、设备"干净、舒适、安全、环保"的特点和具体表现，并向宾客介绍酒店的会员体系及其他服务。

（3）当宾客选定房间后，楼层服务员要及时通知前厅，避免出现重复看房。

（4）前厅服务员在宾客选定房间后，要询问宾客的真实感受和入住意向，同时还需将相关资料记录和反馈，为需要的宾客办理预订或入住手续。

（5）等到宾客离店时，要向宾客表示致谢："XX先生/小姐，谢谢您的意见，期待您的再次光临！"

第二节　宾客退房前厅接待服务

退房结账

退房结算工作是针对不同的住客类别进行的，这就要求前厅服务员要温婉有礼，不论宾客表现如何，作为酒店服务员都要和蔼、亲切地服务于宾客。

前厅服务员在进行结账操作时要准确快捷，同时要耐心向宾客讲清酒店的有关退房规定，按规定给宾客办理退房手续。

宾客退房时，应给其呈上准确无误的结账单，请其付清全部费用。多数宾客办理退房和结账手续都是在上午7：30～9：30之间，如果服务员准备工作就绪的话，就会有条不紊，使退房过程顺利有效地进行，并给宾客留下良好的印象。

前厅服务员在宾客登记入住时必须正确了解宾客选择的结账方式：如果宾客要求转账结算，要确认事先已经批准的转账地址以及转账安排。酒店不是信用社，在接受转账付款要求时要特别谨慎。而如果宾客选择现金结账，那么酒店通常要求宾客在入住时一次付齐，酒店一般不给付现金的宾客赊账权。

在这个过程当中，前厅服务员一定要牢记，在与宾客谈到他的支票时，涉及的是金钱问题，一定要精心、小心、耐心。这一点极端重要。

如果宾客所住房间的单价、账单或是其他方面出现差错，要在宾客离店以前审核清楚，并让宾客满意付款离开酒店。如果在账单方面出现极大分歧，前厅领班或值班经理就要进行调查核实或者向宾客解释酒店方面的情况。

这就要求前厅服务员遇到凡涉及宾客费用的账目，有关现金、支票、信用卡、直接转账以及团队付款凭证等复杂事宜，都要认真检查核实。结账要尽可能迅速快捷，尽可能方便宾客，简化手续，同时又要保障酒店的利润收入。

不仅如此，前厅服务员还需要检查宾客是否有结账前的留言、信件或还未入账的临时费用，这样才能保持账务完整。如果宾客离店后又出现账单，那就需要追账了。追账在很多情况下都会损害酒店的声誉，使宾客误认为酒店管理不善，所以酒店要尽量避免这类情况的出现。

酒店前厅的退房结账程序具体如下：

1. 散客

接到宾客退房通知或宾客亲自到前厅退房时，前厅服务员要快速地确认宾客的房号，并收回房卡。之后要通知客房部查房。

这段时间内可以请宾客稍候，准备编印账单。等到客房查房无误后，核对宾客的姓名，将账单完整地交给宾客，同时询问付款方式，宾客付款后，完成结算收款工作。

2.团体

快捷酒店的前厅部要有专人负责团体的结账工作，核对每天团体房租是否正确。同时根据团体负责人的要求，提前准备有关账单并通知客房部查房。之后服务员要根据协议规定的付款方式，与宾客一起完成结账手续。

快速退房处理

在宾客要求快速退房的时候，前厅服务员要针对特殊情况进行特殊处理，在处理的过程当中既要满足宾客提出的要求，同时还要保证酒店的利益。

有的宾客为了退房时能够节约时间，通常会在退房前一天晚上到前厅要求结清房费，这时，前厅服务员可请宾客额外押一张卡或少许现金作为押金，待退房时直接通知客房部查房，等到确认无问题即可退返押金，让宾客离店。

如果是经常光顾酒店的老宾客，想要急于离店时，前厅服务员可请宾客留下联系电话，其他方便时间随时来处理结账问题。面对全部费用挂账的宾客，则可以请宾客在账单上签字，之后宾客即可离店。全部费用免费的宾客，前厅服务员只需要请宾客在账单上签字即可离店。

当宾客办理结账手续时，如因为自己所持之信用卡出现问题，又没有足够的现金付账时，前厅服务员一定要及时通知前厅经理来处理此事。

前厅经理首先要礼貌地询问宾客可否能用其他方法付账，如宾客无法以其他方式付账，应向其询问有否同游者、本地朋友或公司，也许可以寻求协助其支付酒店费用的途径。假如没有充分时间等待宾客银行电汇，应记下宾客的各项资料，包括姓名、详细地址或公司地址、电话号码或电传号码以及护照号码等。之后，请宾客签署账单，给与正常的副本。最后还需要向宾客说明账单将寄往他所提供的地址，并希望宾客尽快寄发支票付款。

如有大型会议团队退房时，要提醒团队的领头人提前一天与前厅服务员进行沟通，这样前厅才能通知当天适当增加客房服务员，以保证团队退房时的查房速度。

同城互荐和宾客押金条遗失的处理方法

同城互荐主要指的是酒店之间的宾客相互推荐，也就是在同城的酒店之间有着将剩余客源推荐给兄弟酒店的运营体系，确保剩余客源能够得到最大限度保留。

酒店一般是在无房时才进行同城互荐，主要是针对需要特殊房型的宾客，比如说，宾客想要大窗户的客房，但是酒店可售的房间无窗户或其他情况发生时，则前厅服务员必须向宾客解释并说明，一定要尊重宾客意愿，如果宾客不愿入住这样的房间的话，可选择同城互荐。快捷酒店内超额预订情况出现时，也可以选择同城互荐。

如果宾客把酒店押金条遗失的话，前厅服务员的处理方法如下：

（1）安抚宾客，请宾客报出房号或登记人姓名，并出示有效证件。与电脑上的登记人进行相关信息核对。同时核对宾客签字与其入住单上的签字是否一致。确认宾客身份。

（2）确认无误后，把宾客证件进行复印，然后填写以下声明。

押金条遗失声明

宾客姓名：

身份证号：

登记房号：

兹因本人不慎将XX酒店押金条共1张遗失，单据号________，押金条金额____元。

现在需办理相关账务，特此声明原押金条作废。此后责任与酒店无涉。（附身份证复印件）

声明人：

日期：　　年　　月　　日

（3）将押金退给宾客，并且欢迎宾客再次光临酒店。

注意事项：

如登记人不是本人，而是由他人代替住店宾客来办理的，则应告诉宾客暂不能结账，需要由登记人本人携有效证件进行结账。如果宾客不能一同前来，则需与来人核对宾客相关信息，同时复印来人的身份证件，最好能有宾客的书面授权，才可以办理退房业务。

处理预抵宾客的留言、信件、传真

对于预抵达酒店的宾客的信件及传真，前厅服务员的处理方法如下：

首先要在电脑中查询是否确有这位宾客的预订。如果有的话，就需要在信件上注明宾客预抵日期，以进一步核查。之后将信件或传真放入每天检查信件的存档中。

每天早上七点，下午五点，当班服务员都要复查信柜中的每一封信、传真，与电脑核对并在其背面签字记录。经核实后，若是当天预抵的宾客，则将信件等与宾客的登记卡放在一起，以便宾客来店登记时及时收到；若有已入店宾客的信件等物，马上将其由客房服务员送往宾客房间。

如在下午五点复查时发现第二天抵店宾客的信件等物，前厅服务员需要将其挑出，交班时交接清楚，并将其与宾客第二天的入店登记卡放在一起，以便宾客入住时能及时交给宾客。

最后还需要定时清理存档，也就是每隔10天，前厅服务员将存档柜中的信件等物重新核查一遍，把10天前已离店或预抵未到、预订取消的宾客的传真和信件另外存放。

需要注意的是：另存的信件和传真只保留1个月。超过这个期限，传真注销，信件返回邮局。

宾客查询、生日接待服务

（1）如果有人来电向前厅进行宾客查询，并要求服务员告诉宾客房号，服务员要做到：

①必须坚持住客的信息资料不能随意泄露的原则。

②婉转告诉来电者暂无此宾客入住，请其自行联系。

③建议来电者可以对所住宾客进行留言，服务员为其转告。

④请保安部的工作人员进行协助，以防事态扩大。

（2）宾客住店期间适逢生日时，前厅服务员要做到：

①首先，要向宾客表示祝贺。

②通知前厅经理为宾客准备贺卡、果盘或鲜花等物品。

③将贺卡、果盘或鲜花送到宾客面前，祝宾客生日快乐。

第4章

快捷酒店前厅账务处理

酒店前厅账务处理是以货币为主要形式对酒店的经济活动进行反映和监督，通过收集、处理、传递和利用财务资料，对酒店的经济活动进行控制、调节和决策，是酒店经济管理的重要组成部分。

第一节　银行卡处理

入账、部分结账和提前结账

入账，简单地说，就是冻结除了需付消费金额以外的部分金额作为押金。

当宾客到酒店登记入住的时候，酒店前厅的服务员首先要算出所有的房费，然后根据情况看需要冻结多少钱，之后就会从宾客的银行卡中进行冻结。这也就是所谓的银行卡预授权业务，主要是指发卡机构或其代理机构在特约商户扣款前，确认许可冻结额度的交易。也就是说酒店可以在持卡人入住时刷一笔钱作为预授权款项，等到宾客离店时，酒店就会在预授权的这笔款项中对宾客住店所需费用进行结算，这笔钱直接进入到酒店账户中，这就是入账。

如果住店宾客只是先进行部分结账的话，前厅服务员要做到：礼貌地请宾客出示银行卡，核对卡的类别和号码等信息。之后将正确有效的银行卡压印在账单上。接着按账单上宾客的实际消费额输入银行信用卡终端机（POS机），将打印出的银行卡签购单连同账单一起交给宾客查看和签字。

之后，需要前厅服务员将签购单的宾客联（即第一联）和酒店账单交还宾客，两联宾客签购单（即商户联及银行联）及宾客签名的账单一份由前厅保留。每次交班结账时，服务员都需要将POS机报表数与实际收取的信用卡付款数核平，并按操作程序清机。

等到宾客全部结账离店之后，前厅服务员要将所有的宾客签购证、签名账单及平数后大账单装订在一起结账，上交财务部。

而如果住店的宾客需要提前结账的话，则需要前厅服务员确定应收款数目并知会宾客，让宾客详细了解所应付账款数目。等到宾客账款入账之后，要给宾客开具发票，将宾客账单、发票等交予宾客。在电脑上详细记录之后，还需要备份留底交财务部。

每天交接班时，服务人员都必须核对当天收入。结账完成后，需告知宾客离店时要上交房卡。

冲调账和临时挂账处理

冲调账中，冲账主要是用于前厅操作员本人，通常是在本班次，也就是夜审前，对本人的某笔入账进行调整的操作；而调账主要是针对上一班次或夜审前的入账操作差错进行调整。

冲账的时候需要同时记录下冲账的类型和说明情况。通常都是由操作员本人填写冲账申请单，在上面详细写清冲账的理由，之后交由前厅经理进行审核，再交总经理（或总经理授权的总经理助理）进行批准后，由前厅经理开始执行冲账。

而如果在夜班或前厅经理都已经下班后，由于前厅服务员出现了误操作，必须要执行冲调账的时候，则需要由值班经理开冲账申请单。

需要特别注意的一点就是，夜审须核对每笔冲账的审核情况。

也就是说，前厅要建立一套非常科学、严格的挂账管理制度，这样才能有效面对宾客的临时挂账，同时落实权力和责任，并制定挂账的内部责任追究办法。

如果在酒店住宿的宾客决定临时挂账的时候，前厅服务员要对挂账签单的宾客进行信誉分类等级评定，具体做法就是把这些客户分为金、银、普通、新（新挂账）四类，之后还需要将这些分类在应收款明细账中也分开登记，并且采取不同的方式进行催账和收账。

当宾客离店时，服务员要对临时挂账进行结账。如果确定是由公司付款的账单，账单必须齐全，而且必须经宾客签名确认。

由旅行社付款的有关消费情况属于商业秘密，所以不管宾客如何询问，服务员都要坚持保密原则。经核实无误后，输入电脑存档，之后将有关宾客的入住登记表和订房资料装订在一起结账，并上交财务部。

第二节　会员服务

会员卡的办理

快捷酒店办理会员卡主要依据“一个中心”和“两个基本点”的原则。

“一个中心”指的是，酒店的会员卡是以推销收费卡为中心，每班售卡目标不低于多少张数，具体视每家酒店的实际情况而定。

前厅服务员在进行会员卡销售时，首先要在自己的意识中建立销售概念。那些已经走进酒店里面的宾客就是酒店最大的消费者，因此，服务员要清晰地了解宾客的消费意图以及潜力，之后就是精心去开发他们的消费潜力。

其次，酒店应该花大力气宣传自己的会员卡服务计划。比如，酒店进行特别策划的优惠活动，能够营造出会员消费的气氛，诱导宾客们购买会员卡，从而提升其对酒店的忠诚程度。

第三，要有一个环境的营造，这样才能使宾客感觉到服务员的售卡行为不仅仅是一种推销行为，而是在更大程度上让宾客受益的服务行为。举个最简单常见的例子：可以把客房的标价牌清晰地标注在前厅，原价400元，会员价390元。此外还有积分兑换，如果攒够积分就可以直接按照钱数消费。这些绝不仅仅是为标注价格而标注价格，准确地说这是诱导宾客发起对酒店会员计划的考虑。等到宾客觉得自己获得利益比较大时，自然而然地就会办理会员卡了。

“两个基本点”指的是，首先需要前厅服务员以饱满的热情、真诚的服务赢得宾客的好感与信任，遇到宾客更是要主动问好，以期获得宾客信任。另一点是需要迎合宾客的需求。即服务员要以自己专业的知识和娴熟的技能，以及简明务实的语言和操作，准确传达本酒店会员卡的优势，满足宾客求廉、求便、受尊重的心理需求，让宾客对自己的利益听得到、看得见、用得着。

会员卡的办理流程一般为：

宾客领取会员登记表→填写会员登记表→前厅服务员审核会员资料并确认→会员信息录入会员管理系统→发放会员卡给宾客。

会员是酒店消费者地位的象征，所有专属优惠仅限持卡本人使用；如果消费者不是持卡人，一定要和持卡人确认，确认信息清楚地写在账单背面，再请消费者签字。

会员卡如果损坏或者遗失的话，宾客需要致电酒店前厅，首先办理冻结，然后持开卡时使用的有效身份证件到酒店办理补卡手续，办理好新卡之后，原卡消费积分及会员信息会转移至新卡上，原卡自动失效。

需要注意的是，虽然会员卡遗失，可按正常办卡程序进行补办，但会员卡遗失期间所造成的任何损失，酒店均不承担责任。

会员信息修改和储值

有的宾客在办理完会员卡一段时间后，会发现填错一些信息，需要进行修改。这个时候，就需要宾客带着身份证件和会员卡到酒店进行会员信息修改，或者是通过网络或电话提示按照步骤一步一步填写，最终更改。但是，酒店内部保留根据实际情况随时更改会员卡相关条款的权利。

通常来说，在办理会员卡的时候都要对其进行储值，如果是酒店的话，更是需要有一个最小储值额，这个视每家酒店的具体情况而定。会员卡是终身制的，所以宾客不需要担心使用过程中出现问题。

（1）会员卡中所储值的资金不适用于支付任何小费及用作押金。

（2）享受会员卡规定折扣必须使用会员卡结账。卡内余额不足支付消费款，以其他付款方式补差结账的，可享受最后一次储值卡折扣。

（3）使用会员卡的宾客，可以从酒店中获赠一部分资金直接划入卡值内，但是这一部分获赠金额是不开具发票的。

（4）会员卡储值的金额过低时，前厅工作人员要及时提示宾客卡内余额不足。

无停留离店

无停留离店指的是0秒退房，具体指的是入住酒店的宾客凭借会员卡在入住时就提前付清所有消费费用，酒店前厅在宾客离店前提前开好发票，第二天退房直接归还房卡。无停留离店省去了宾客办理退房的很多时间，尤其是住很多天的宾客如果能够无停留离店，是非常具有吸引力的。毕竟，宾客住的天数越多，账目就越繁多，结账需要的时间也就更多，再加上如果遇到早上退房高峰期，可能会需要更多的等待时间。

所以，宾客如果有会员卡，就能在入住时付清全部房费，也可以不再支付入住押金，并提前拿到住宿发票。之后，等到退房时，也能够关上房门即可离店，完全省略掉了查房和结账的手续。这可谓是会员卡最大的福利。虽然酒店会因此有些消费损失，像破损的毛巾和打碎的水杯等，但是这样做能让宾客满意，赢得更多回头客，是非常值得的。

第5章

快捷酒店前厅规章制度

前厅部是酒店的神经中枢，在宾客心目中它就是酒店管理机构的代表。所以，前厅需要制定一系列的规章制度，来规范和约束前厅员工的工作。

第一节　前厅的管理制度

前厅职责分担制度

前厅部可谓是酒店的神经中枢，宾客不管是入住登记、离店结算，还是遇到困难寻求帮助、感到不满时投诉，都会首先想到前厅。

因此，为了使前厅的各项工作顺利进行，规范前厅服务员的工作行为，快捷酒店一般都制定有前厅职责分担制度，主要内容是：

（1）必须遵守的行为准则：前厅服务员必须要诚实。以诚实的态度对待工作是每位前厅服务员必须遵守的行为准则；同事之间团结协作、互相尊重、互相谅解是搞好一切工作的基础；始终以工作为重，按时、按质、按量完成工作任务是每位前厅服务员应尽的职责。

（2）前厅服务员必须向宾客提供优质的订房、登记、问讯、电话、留言、存放行李、换房、发放钥匙（房卡）、退房等各项服务。必须在任何时刻都能准确地了解酒店内的每个房间的状况，为客房的销售和分配提供可靠的依据。

（3）协调客房解决宾客入住过程中遇到的各种问题，联络各部门为宾客提供优质服务。

（4）在预订客房或是在办理入住登记手续时建立宾客账单。建立客账是为了记录和监视宾客与酒店间的财务关系，以保证酒店及时准确地得到营业收入。

（5）前厅服务员要学会委婉地拒绝一些不好的提议，善于在工作中控制自己的情绪。

因为前厅部的工作直接反映了酒店的工作效率、服务质量和管理水平，甚至会直接影响到酒店的总体形象。所以，前厅服务员需要注意的事项有：

（1）时刻都要保持前厅台面和大厅干净、整洁，服务员身穿工作服，不穿超短裙、短裤、拖鞋等。

（2）凡前厅电话必须登记。

（3）凡外来人员来访，前厅服务员都必须热情友好地接待。

（4）不管在任何时候，前厅都必须至少有1人在岗，服务员在离岗时须找人替代，并做好交接班工作。

（5）前厅服务员工作时间内，其他部门的服务员不得无故在前厅逗留，不得随意坐在台面或其他位置，不得在前厅或大厅大声喧哗、吵闹嬉笑或有其他任何不雅行为，一经发现，前厅服务人员必须马上制止。

客史档案管理制度

酒店在对客服务过程中对宾客的自然情况、消费行为、信用状况、癖好和期望等做的历史记录就是客史档案，又被称为宾客档案。建立客史档案是现代酒店经营管理中的一项重要环节，加强客史档案的管理对提高快捷酒店的服务质量和改善酒店经营管理水平，都具有非常重要的意义。

首先，酒店之所以要建立客史档案，是为了有助于酒店的服务员了解宾客，掌握宾客的需求特点，这也是酒店为宾客提供个性化、定制化服务必不可少的依据。

其次，建立客史档案有助于酒店做好有针对性的促销工作，与宾客保持良好、稳定的关系，争取更多的回头客，培养忠诚宾客。

另外，客史档案能够较好地反映酒店的服务意识，拉近与宾客之间的距离，让宾客产生信任、安全、亲切和家外之家的感觉。作为酒店的服务员，在服务中要用心倾听、细心服务，认真感受宾客的一举一动，捕捉机会，尽可能多地获取宾客信息。要想达到这一目的，必须要全员参与，共同进行客史档案的建设和管理工作。

酒店通常建立的客史档案主要包括宾客姓名、国籍、地址、电话号码、单位名称、年龄、出生日期、婚姻状况、性别、职务、同行人数等。因此，酒店的前厅服务员要多注意收集和保存这些资料，也能让酒店了解到市场的基本情况，同时掌握客源市场的动向及客源数量等等。

客史档案内还包括宾客租用客房的种类、房价、每天费用支出的数额、付款方式、所接受的服务种类以及欠款、漏账等。之所以要收集和保存这些资料，是因为这些资料能够让酒店详细了解每位宾客的支付能力、宾客的信用程度等。同时，这些资料能够反映出宾客对服务设施的要求、喜好、倾向以及所能接受的费用水平。

而了解宾客来店住宿的季节和月份、住宿时间、订房的方式、来本店住宿是否有中介等这些资料，则主要是为了使酒店了解客源市场的情况、不同类型宾客及其特点、宾客的入住途径等，只有熟知这些才能为酒店争取到客源提供一些有用的信息，而且还有助于改进酒店的销售和推广手段。

当然，为了能够让酒店有针对性地提供服务，改进服务质量、提高服务效率，客史档案中还需要包括宾客性格、爱好、兴趣、生活习俗、宗教信仰、生活禁忌、特殊日期和要求、宾客对酒店的表扬、批评、建议、投诉记录等等。

快捷酒店在建立客史档案的时候要坚持的原则包括：建立健全客史档案的管理制度；规范化客史档案工作；坚持“一客一档”，以便查找和记录；严格按照顺序编定编目和索引；为了确保客史档案内容的连续和完整，当一张卡片填满后不能丢弃，应订在新卡的后面；定期进行整理，以保持客史档案的完备。

境外人员登记管理

境外人员一般分为华侨（所持证件应为中国护照）、台湾同胞（所持证件有两种：一种是台湾同胞回乡证，另一种是台胞中国旅行证）、港澳同胞（所持证件为港澳回乡证）和其他华裔（一种是本国护照，另一种是我国签发的在华居留证）、外国友人（所持证件为他国护照）等。

鉴于宾客身份的特殊性，酒店的前厅服务员在为境外人员办理入住登记时一定要严格把关，逐项填写，仔细鉴别。针对境外人员住宿登记中常出现的几种情况，其办理办法如下：

1.对持有中国护照宾客的办理

（1）如宾客所持护照上并无出入境记录的，则需要服务员将其录入中宾系统或要求其出示身份证后录入中宾系统。

（2）如宾客所持护照上有出入境记录的，则需要服务员查验最后一个出入境章是否为“入境章”，如是“入境章”的，则在境外人员模块中予以登记录入；如是“出境章”的，则要求其出示已换发的中国护照或外国护照（身份已为外籍华人）。

2.对同时持有两本护照宾客的办理

入住宾客如果持有两本不同国籍护照的，就需要前厅服务员查看宾客哪本护照上有有效签证和入境章，如果有即视为有效身份证件登记入住。但如果入住宾客所持的两本不同国籍的护照中，一本已作废的（打孔、剪角或盖章）上面有签证及入境章，则需要前厅服务员登记录入新护照信息；如老护照未作作废处理，且仍在证件有效期内的，则登记录入老护照信息。

3.对未持有护照宾客的办理

（1）对持有临时护照或出入境证件的，比如证件内无有效签证，一般为护照遗失人员刚补发证件，前厅服务员要先为宾客办理住宿登记，同时即报出入境办予以核查，经核查无误的，在系统“备注栏”内注明“已报出入境办核实”；对持有公安机关（含外省市的）

出具的报失证明的宾客，前厅人员予以登记录入，扫描该报失证明，登记证明上的个人信息；对持有公安机关（含外省市的）出具的办证回执的宾客，前厅服务员可为宾客登记录入，录入过程中要扫描该回执，登记回执上的个人信息，同时还需要注意不要将回执上的流水编号当作证件号码予以录入。

（2）对持有外国使馆出具的办证回执的宾客，前厅服务员可先为其办理住宿登记，同时即报出入境办予以核查，经核查无误后，需要在系统“备注栏”内注明“已报出入境办核实”。

（3）对持有暂扣证件证明的宾客，前厅需先向该宾客了解其相关情况，并报出入境办核查属实后方可为其办理住宿登记，同时在“备注栏”内予以注明；对持有护照复印件的宾客，先向该宾客了解相关情况，并报出入境办核查属实后方可为其办理住宿登记，同时在“备注栏”内予以注明。

（4）对未持有任何身份证件或相关材料的宾客，前厅应立即通报出入境办前来核查，之后，凭出入境办出具的《核查单》为宾客办理住宿登记手续。

（5）对持外交官证、领事官证和公务人员证或永久居留证的宾客，前厅服务员在进行住宿登记时，首先需要对宾客的姓名进行识别：如姓名分二行的，一般上行为姓、下行为名；如姓名分大小写的，一般大写为姓、小写为名；如姓名分全写和缩写的，一般全写为姓、缩写为名。之后需对宾客所提供的证件号码进行识别，切勿遗漏前缀字母。比如：对持有外交、公务护照的宾客，要确认签证为“W”、停留期为“000”，入住时如果发现其签证已逾期的，应提醒宾客出示外交官证、领事官证或公务人员证来为其办理住宿登记；

如其不能提供上述证件的，则仍需依照其所持外交、公务护照办理住宿登记（签证有效期填写为当日有效）。

需要特别注意的事项：

（1）针对签证过期的境外人员，前厅可依照输入当天的时间作为其签证有效期，为宾客办理住宿登记，并在备注中注明“已通知出入境部门”。

（2）如需补开住宿登记单，宾客必须当前还在酒店住宿，同时将白单（第一联）复印后加盖酒店住宿登记“专用章”。对于已经离店的宾客，凡要求补开曾经住宿记录的，一律不予办理。

前厅备用金管理制度

为加强和规范前厅备用金的管理，同时也为了有效提高资金使用效率，控制资金占用的情况，快捷酒店前厅部一般需要制定以下备用金管理制度：

（1）前厅部任何人不得私自挪用或借用备用金，备用金只用于前厅结账周转，如遇特殊情况需使用此笔款项，必须经过酒店总经理批准。

（2）备用金需要采取固定金额管理形式，分为两部分存放。一般是一部分定额存放于值班经理保险柜内，用于为前厅提供换零服务；另一部分则存放于前厅，用于为住店宾客提供结账付款及小量金额找零。

（3）每班次14：30和21：30进行当班次账务核算，然后填写投款信封，将当班次投款现金及银行卡单一同装入信封内封口，在与下班次进行交接时由下班次员工在见证人处签字后投入前厅保险箱内。当班次产生退负时需在投款信封上注明退负金额，下一班次补充上班次退负后应在投款信封上注明补退负金额，以便于财务审核。

（4）根据每天的营业情况，每班次的营业额投款金额为当班次的人民币收入和预交押金收入之和减去当班次退押金总额。如果投款金额为正值时除去应投款外前厅备用金应为规定限额；如果投款金额为负值时，所负金额即为前厅备用金支出金额，各班次交接记录好，并在下班次及时补充完整。

（5）每班次的收入要求准确无误，投款信封要按要求认真填写，字迹清晰，大小写金额要保持一致，不得出现涂改。同时需要填写当日酒店各点各班次收入汇总表。而且每班次交接时要对备用金进行交接和清点，当班次员工要对自己所保管的备用金负责，确保备用金额度固定不变，交接后填写交接班记录并确认签字，以免出现问题时出现推诿现象。

（6）每月由财务部不定期对备用金进行盘点，如发现备用金出现长款或短款情况，则进行调查并追究相关人员责任。

（7）前厅备用金如遇紧急情况需要使用，必须经过酒店总经理同意并由借款人书面填写借条方可支借，前厅必须妥善保管好借条并尽快追回欠款。值班经理保险柜内存放的固定金额备用金每班次也要认真清点交接并做记录，当前厅日常所需零钱较少时，值班经理要及时用保管的备用金与财务部换零，以备前厅所需。

（8）前厅备用金是酒店的财产，任何人不得私自挪为他用，如有违反者，一律予以严厉处罚，给酒店造成的经济损失，由员工本人负责赔偿，并根据情节给予必要的处罚。

（9）如遇五一、十一和春节等长假的时候，前厅部可根据需要向财务部申请增加备用金，经由财务总监及酒店总经理批准后，由值班经理填写借款单并递交财务部支取，节日后根据使用情况及时予以归还并撤回借款单。

早餐券管理制度

快捷酒店内宾客住店期间所使用的早餐券，也有相应的管理制度，具体如下：

（1）酒店早餐仅供客房宾客免费享用，宾客需凭餐券用餐，无餐券用餐宾客，需按X元/人收费。

（2）用餐宾客原则上不允许带餐走，因特殊原因要求带餐走，需经前厅经理同意。

（3）本酒店除餐厅工作人员、值班经理、值班工作人员、保安转班人员可在工作时间免费就餐，其他人员用餐需收费。

（4）酒店其他工作人员不得在早餐营业时间用餐，违者罚款100元。

（5）酒店工作人员在早餐营业时间后用餐，按人交纳早餐费。

（6）严禁酒店工作人员擅自进入厨房偷拿早点，违者开除，对偷拿行为者不制止的工作人员，罚款200元。

（7）早餐收入不如实上交，按开除处理。

（8）收餐后，剩余食物应由酒店工作人员妥善保管，防止丢失与浪费。

前厅保险箱管理制度

通常，在快捷酒店中，设在前厅的贵重物品保险箱，只限住店宾客使用。针对这一原则设置的前厅保险箱管理制度如下：

（1）在宾客开启保险箱时，必须按照《贵重物品保险箱记录》上所列的各项内容一一填写清楚，不得缺项。

（2）宾客在使用过程中，每次开启必须由宾客本人填写记录，前厅收银员和使用人必须签名。

（3）定期检查保险箱使用情况和保险箱保管情况，发现问题及时上报。同时需要注意的是，保险箱必须由本人当面开启，其他任何人以任何形式都不可以代领。

（4）如宾客丢失保险箱钥匙，要请大堂经理和保安部人员到场，请工程部人员当面毁坏箱锁，重新配锁，并请宾客照价赔偿。

（5）贵重物品保险箱内不得存放变质食品、易蛀物品、易燃易爆物品、枪支弹药等危险物品以及腐蚀性、污染性物品。

（6）保险箱的钥匙必须由当班的收银员负责保管，并对下一班的收银员进行交接。

（7）对保险箱的使用情况，每班要进行详细的交接记录。

前厅药品箱管理制度

快捷酒店的前厅为了方便宾客在遇到一些轻微事故和伤害时能够得到及时治疗，需按以下标准配备简易医药箱：

红药水、绷带、纱布、创可贴、酒精、脱脂棉、棉签、绿药膏、风油精、温度计。

医药箱的具体管理标准为：

（1）医药箱内物品必须按标准配足，药品清单需填写后置于药箱内，以便于检查核对。

（2）医药箱摆放于酒店前厅指定位置，由前厅人员负责保管和使用。

（3）医药箱由前厅经理负责进行每月盘点，盘点时需注意查看药品有效期，若失效，要及时更换。

（4）各类物品（除温度计外）在剩余1/10时，需及时补充。

（5）特别需要注意的事项，包括：药物一般应避光、干燥保存；不得擅自给宾客使用内用药品；若宾客病情来势迅猛，或疼痛剧烈者，应立即去医院检查、确诊，千万不要擅自用药，以免掩盖病情，贻误治疗，造成严重后果；前厅工作人员需知晓附近二十四小时药店地址、电话和最近的医院地址。

房卡管理制度

对于房卡的管理，快捷酒店必须有一套详细的管理制度，包括：

（1）将房卡交给宾客前，前厅员工必须确认宾客身份。

（2）前厅在发放房卡的时候，其原则上是单人房每间只发放一张房卡，双人房根据宾客要求可发放两张房卡，并在电脑中详细注明。

（3）宾客房卡如果不慎遗失的话，前厅员工首先需要验明宾客身份，进行登记核对。之后对宾客说明规定，向宾客收取或从押金中扣除赔偿费，然后才能重新制作客房房卡，制作完成之后，通知客房部使用管理卡到该房间插一次卡（做消磁处理），确保插卡前使用的房卡作废，最后将新制的房卡交给宾客。

（4）宾客房卡出现损坏情况时，前厅员工首先需要验卡，看显示房号和宾客所报是否相同，而且是否在期限内。等到一切确认无误后，重新制作一张房卡给宾客。但是如果房卡号不能显示或不能验卡的时候，前厅员工就需要验明宾客身份和登记是否相符，如果相符，则可重新制作一张房卡给宾客，并向宾客致歉。

（5）宾客如果想要寄存房卡的时候，前厅员工可在听清宾客所报房号后，请宾客稍等，之后进行验卡，确认显示房号和宾客所报是否一致，如果一致则可取房卡套填写房号，将房卡插入房卡套，放在寄存抽屉内。之后等宾客来取时，还需要再次验明身份后，方可交还房卡，同时将写房号的房卡套撕毁。

如果验卡的时候房号不能显示，那么还应先验明宾客身份，确认无误后方可重新制作房卡，再进行寄存。假如宾客在寄存卡后嘱咐前厅员工会有他人来取，那么就需要前厅员工填写留言单，然后请宾客签字确认。完成后，将房卡和留言单放在房卡中存放于收银台抽屉内，等到另一人来领取时还需要先验明身份，之后留言单要一致保留在客账内直至宾客退房。

（6）宾客退房时，前厅员工还应提醒宾客交还房卡，等到验卡后确定无误，方可通知客房服务员查房并为宾客办理退房手续。

（7）退房时，宾客如果将房卡留在了房间内，前厅员工必须等到客房服务员查完房后，将房卡交到前厅，才能给宾客办理退房手续。一般情况下，凡有折痕、断裂、明显污迹、坏掉的房卡，都需要交前厅主管保管并做记录。

（8）未经登记宾客的许可，前厅员工不得为任何来访者开启宾客房间或发卡给来访者。

（9）酒店内的所有服务员，如发现房卡遗留于公共场所，应立即交当值主管，送回前厅接待处处理。

（10）前厅服务员每班交接时，必须核对宾客房卡数量。发现任何缺失必须上报并在交接本上作记录。

（11）客房服务员如对宾客的身份产生疑问，应当直接请宾客到前厅接待处办理补卡手续，而不能以任何理由，随便开房门让宾客进入。

（12）前厅员工要切记，所有房卡上都不能贴房号。

以上是酒店对外的房卡管理制度。酒店内部房卡的管理制度如下：

（1）前厅的员工每天在交接班时都需要仔细清点当班次的卡片数量，之后还需要和客房部核对房态。一切确认无误后，将房卡进行归类记录并在房卡记录表上注明“房卡总数”“使用房卡数量”“剩余房卡数量”“交班人”“接班人”等。

（2）除宾客房卡的管理外，前厅部对于客房的楼层卡、领班卡和总卡也要有非常详细的发放记录，而且要在每班次进行交接。

（3）除了前厅员工外，只有酒店内部的部门经理和总经理才有权从前厅拿走房卡，酒店内的其他员工或者主管是没有这种权力的。

（4）备用房卡统一由前厅经理进行保管，只有在卡数不够的时候才可拿出来使用。

（5）客房服务员在使用过程中，因损坏、遗失等原因，要重新制作员工卡的时候，首先需要汇报客房主管或经理，并按房卡成本价赔偿后，才可由客房主管或经理告知前厅，再由前厅部重新制作员工卡，并注销掉前卡。

（6）每班员工都要对房卡进行交接和检查，“上不清下不接”，并及时报告前厅经理知晓，如果在检查的过程中，发现房卡数量出现差异，那就需要从出现差异班次起，各班上班人员一起承担赔偿责任。

第二节　日常考核管理制度

前厅员工行为准则

前厅服务员是快捷酒店的先锋部队，也是宾客首先接触的人，宾客们往往可以从前厅服务员的仪容仪表和业务操作情况看出酒店的管理水平。因此，前厅员工必须遵守一定的行为准则，具体如下：

（1）每天上班之前，养成习惯阅读告示栏上的新内容，经常迟到是绝对不允许的。

（2）每一位员工的制服上都写有自己相应的号码。制服应经常换洗，以保证其干净、平整。

（3）当班期间除紧急情况外，酒店前厅员工一般都不允许打私人电话，只限于在工作空隙期间，使用指定的后台电话。

（4）前厅应保持每时都有足够人员在岗，按规定一般情况下最少要有两位前厅人员值台。

（5）前厅员工要保证前厅各个柜台、后台办公室及其他工作场地干净整洁。同时还需要将各种文具报表摆放整齐，在每班交接时保证有足够的备用量。

（6）前厅员工如有特殊原因不能上班或要晚到，须事先请示前厅经理或部门主管，以便于人手调配。

（7）上班期间，不允许前厅员工用过多时间谈论私人问题。

（8）前厅员工的公众假期或年假由前厅经理安排和审批，以上休假须提前做申请，以方便协调安排。

（9）用餐时间由各部带班主管/领班安排，工作餐地点按规定只限于员工餐厅。

（10）在工作岗位上，不准吃口香糖等零食，不准看报纸、杂志、小说等。

（11）每天上班前，前厅员工都必须仔细阅读交班本，以了解当日工作安排。

（12）除本部门员工外，前厅员工需切记：前厅工作柜台不允许接待私人访客或其他部门无关人员。

（13）当班期间，前厅员工需精神奕奕面对宾客，不可养成无精打采站立的坏习惯，要知道，姿态会直接影响个人形象。

（14）除必需的用品外，属于前厅员工的个人物品一律不得摆放在前厅，如果出现特别情形要请示上级。

（15）在宾客面前不得用本地方言与同事交谈，禁止在柜台大声谈笑及不必要的聊天。除工作特别需要，不可让宾客因自己与同事之间正在交谈而等候。即便因为处理其他紧急事情，也应先跟宾客说对不起，请宾客稍候。

（16）当班时间，前厅员工不得串岗，下班后即便无事也不得在酒店范围内有所滞留。同时，当班期间除了用餐时间或酒店安排的休息时间外，前厅员工应坚守自己的工作岗位。

（17）遇到宾客关于酒店服务方面的投诉而经理不能亲自来处理时，前厅员工应仔细听取宾客投诉，并告知宾客会将其意见向有关经理转达。

前厅员工考勤制度

对于前厅员工来说，考勤管理制度是必不可少的，其具体内容一般包括：

（1）按时上下班签到、签离，做到不迟到，不早退。

（2）病假须持医务室或医院证明，经批准后方可休假。

（3）前厅员工如果想要申请事假的话，则必须提前一天通知部门主管，说明原因，经部门主管批准后方可休假。

（4）严禁前厅员工私自换班，如果是需要进行换班的话则必须由申请人、换班人、前厅主管、前厅经理签字，得到批准方可。

（5）上班期间，严禁代人签到和请假。

前厅员工交接班管理制度

根据快捷酒店的行业市场惯例以及酒店内部的相关规定，前厅部一般实行的是24小时运转班次，这就涉及到前厅员工上下班次的交接问题，对此，快捷酒店需要制定相应的前厅员工交接班管理制度，具体如下：

（1）前厅员工在其接班班次前须提前10分钟上岗，以充分地留出时间与前一个前厅员工交班班次。

（2）交班班次须准确记录当班时发生的所有事务，如当班已完成，需在该记录后注明“OK”字样，所有未完成的事项均需交接给下一班次跟进。交班班次的时候前厅员工需要负责本班次的岗位卫生，如果接班人员发现上一班次有未完成的岗位卫生工作，那么接班人员就有权力请上一班次继续完成，否则岗位卫生将由接班人员来进行完成。

（3）接班班次的时候，前厅员工要仔细阅读交班的内容，产生的任何疑问都必须立即请交班的员工说明，这样才能确保工作顺畅进行。

（4）交接班的记录本需要由当班所有人员进行签字，这就意味着交接内容所有人已阅读并牢记，而前厅经理还要不定期进行交接班记录本的抽查，针对重点内容将随机进行提问，该提问同样计入考核范围。

（5）前厅员工在进行班次交接的时候，针对所有重点交接班内容，做特殊符号标记，除正常的文字记录外，还需要口头与接班人员进行讲解，直至接班服务员完全清楚为止。

（6）未做交接班记录，或是因为交接班记录不详而导致对客服务出现过失，酒店内部会针对该做交接班而未做的班次当班人员进行扣分考核。

（7）本制度适用于前厅部所有员工。

第6章

前厅服务员必备技能

快捷酒店的前厅服务人员在工作时需要具备一定的知识储备和应用技能，即前厅服务人员应知和应会的一些知识与技巧，这样才能体现前厅高效率的工作节奏，为宾客提供优质服务。

第一节　前厅服务员必备操作技能

点钞机的使用方法

前厅的点钞机主要供酒店内部人员使用，前厅服务员在收到宾客给予的现金时，要在点钞机里进行核对，主要是为了进行钱币真伪的辨别，因此，前厅服务员要了解点钞机的正确操作方法：

（1）打开点钞机，使其处于工作状态，再把待点钞票整理好，按不同的面值分开并清除钞票上的纸补贴及污染物，码放整齐，开始点钞操作。

（2）为便于分张和下钞流畅，对于压紧的纸币应拍松后再捻开，将钞票均匀扇开成小斜坡状，否则容易下双张或出现“拥塞”现象。

（3）对于待清点的钞票，最好捻开成一个前低后高的斜面，平整放入喂钞台，使钞票从上面第一张依次自然下滑，通过捻钞轮进入机器内。

（4）随着点钞机开始工作，握钞手指逐渐松开，切不可往下推挤钞票。喂钞台内的钞票清点完毕后，机器可自动停止。机器运行时，操作人员要认真进行检查，如发现有假钞、破损或其他异物，或者有绵软、霉烂的钞票时，要立即剔除，然后再继续清点。

（5）清点过程中若发现假币，机器就会自动停止，蜂鸣器发出“嘟嘟”几声报警信号，或在任意工作状态下指示灯亮，并且闪烁，计数显示窗显示“鉴伪方式显示符”，取出假币后按任意键继续清点。操作完毕，要注意检查机器上是否有遗漏钞票。

（6）当出现进钞不畅或不准时，可通过调节垂直调节螺丝，调整阻力件与捻钞轮之间的问题，然后手持一张钞票放入捻钞轮与阻力片之间感知有捻力即可（顺时针方向收紧，逆时针方向放松）。

打印机的使用方法

对于快捷酒店来说，打印机是前厅的一个很重要的设备，因此，前厅服务员在平时要注意对它的保养清洁，能够对一些简单的故障进行处理，在实际工作中会正确使用打印机，会打印账单和各种文件。打印机具体的使用方法包括：

1. 复印方法

（1）打开复印机上盖，将要复印的一面朝下，纸头朝右，放在玻璃板右下角，盖上盖子。

（2）按打印机上“份数”键，按右箭头键增加份数（按住三秒不放可整十增加），左箭头为减份数。

（3）按“调浅/调深“键，再按左箭头调浅至2级（节省碳粉，加快速度）。

（4）将复印出一面的纸空白面向上，头朝里，平整放入放纸处。

（5）重复1和4步，复印第二面。

（6）只复印一份可只按1和4步。

2.打印方法

（1）先点击“预览”文档，看打印是否符合要求。

（2）打印时点击“文件”菜单，点击“打印”，在弹开窗口左侧设定打印“页面范围”为需要的页码（否则将打印文档全部内容造成浪费）；在右侧设定份数；非重要文件，要打印多张时，点击“属性”，选择“经济模式”，可点选“手动双面打印”。

（3）点击窗口下方“确定“，开始打印，查看打印出的纸张是否符合要求。

（4）双面打印时，还要按提示将打印出的纸取出（如超过一张纸张按从上到下第1、3、5顺序重新排好），空白面向上，头朝里，再放入放纸处。然后点击弹出窗口“确定”。

需注意的事项：

打印、复印错误时可立即按“取消”键；缺纸后放入纸张可按“OK”键继续；必要时可关掉左后侧电源开关，再重新打开；可先打印一份试试。卡纸时不要乱动，乱撬，以免损坏打印机。

传真机的使用方法

快捷酒店内都设置有传真机，以便于宾客和酒店内部人员使用，因此，前厅服务员要懂得发传真的操作程序，能看懂传真报告以及收费标准，并帮助有需求的宾客发送传真，如果是内部员工使用，还要做好记录等。具体的使用方法如下：

（1）把要传真的文件放入传真机。

（2）一般传真机都会提示怎样放置文件（将文字面向下）。因此，操作人员根据提示将要传真的文件放好，拨号就可以了。

这里有两种方式，一般传真的时候号码没有单独记下来，可以先拨号 5 然后按监听键，这样就相当于按了电话的免提键，传真机会有外音，如果不需要外音直接将话机提起就可以。在这一步骤时可以先拨号再放要传送的文件，但是要把握好速度，不要等电话接通了信号已经给了，文件还没放好。

另一种则是与电话传真一起的，拨打电话时是有人先接听的，然后告诉对方自己要发传真，请对方给个传真信号就可以了，要等听到传真信号响起“滴……”的声音，才可以按下“传真/开始”按钮开始传送。

（3）有的传真机是自动的，拨通之后就会直接给传真信号，听到刺耳的“滴”的声音就是有信号了，一般这个信号是连续的“滴……”，此时按下“传真/开始”按钮，传真就会自动传送了。

（4）通常来说，传真速度不是很快，所以需要前厅服务人员耐心地等待一下，等传真机将传真内容吐出来传真就发送完毕了。

（5）传真机使用过后一定要记得盖好盖子，这样能够有效预防灰尘等进入，影响传真机的使用寿命。

证件扫描仪的使用方法

按照公安机关的要求，对于入住本酒店的所有入住宾客的证件，前厅工作人员都必须进行扫描。在酒店开业时，扫描仪会按照公安机关的要求设置好模式，与公安机关联网的电脑一起使用。具体的使用方法如下：

（1）打开图像编辑软件。在“文件”菜单下点击“获得”从中选取“图像”（如果你是第一次使用扫描仪，请记住在“选择源文件”中选择扫描仪配套的驱动程序）。这时扫描驱动的应用窗口会自动弹出。

（2）将扫描图像朝下放在扫描仪玻璃上，图像的一角请对齐基点（一般放置于扫描仪玻璃的边角处）。

（3）在扫描仪驱动软件的窗口中点击“预览”按钮。如果“设置”菜单里选择了“自动预览”，扫描仪将会自动做一次预览，然后就可以看到预览的扫描结果（和最终的扫描结果一样）。如果有必要的话，前厅服务员可通过扫描仪配套软件上的菜单和工具改变图像类型及其他特性。选择自己所要扫描的图像范围，将鼠标移至预览范围之内定位于扫描区域的左上部，按住鼠标将其拖至预览区域的右下方，就会看见一个矩形选择区域。当然也可通过改变及移动此矩形来调节扫描范围。点击“扫描”按钮后，扫描仪将开始正式扫描，一般会扫描图片若干次以获取扫描图像的最终结果。

（4）关闭扫描仪配套驱动软件窗口，返回图像编辑软件。这时就获得了自己所需要的扫描图片。

（5）使用扫描仪的注意事项：

①一旦扫描仪通电后，千万不要热插拔SCSI、EPP接口的电缆，这样会损坏扫描仪或计算机，当然USB接口除外，因为它本身就支持热插拔。

②扫描仪在工作时不要中途切断电源，一般要等到扫描仪的镜组完全归位后，再切断电源，这对扫描仪电路芯片的正常工作是非常有意义的。

③由于一些CCD的扫描仪可以扫描小型立体物品，所以在扫描时应当注意：放置锋利物品时不要随便移动以免划伤玻璃，包括反射稿上的钉书针；放下上盖时不要用力过猛，以免打碎玻璃。

④一些扫描仪在设计上并没有完全切断电源的开关，当用户不用时，扫描仪的灯管依然是亮着的，由于扫描仪灯管也是消耗品（可以类比于日光灯，但是持续使用时间要长很多），所以建议用户在不用时切断电源。

⑤扫描仪应该摆放在远离窗户的地方，因为窗户附近的灰尘比较多，而且会受到阳光的直射，会减少塑料部件的使用寿命。

⑥由于扫描仪在工作中会产生静电，从而吸附大量灰尘进入机体影响镜组的工作。因此，不要用容易掉渣儿的织物来覆盖（绒制品，棉织品等），可以用丝绸或蜡染布等进行覆盖，房间适当的湿度可以避免灰尘对扫描仪的影响。

POS机的使用方法

POS机的诞生大大地方便了我们的生活，使得我们出门再也不需要携带大量的现金去进行交易。但是，POS机在使用过程当中也会出现一些问题，因此，前厅服务人员在为宾客结账的过程当中，要了解POS机的正确使用方法，具体如下：

（1）勿剧烈振动、摇晃或用力敲打POS机；

（2）避免在过高或过低温度的环境下使用POS机，避免POS机暴露在强烈日光下或湿度较高的环境中；

（3）长时间不用的POS机要把电源断开；

（4）POS机的各种连线不能露天，不要让重物压住，保持接线的畅通性；

（5）断电关机后，至少1分钟后开机，不能频繁开关机，并经常检查打印色带和打印纸，及时更换色带和打印纸；

（6）天气潮湿时，要把机子打开，让其保持干燥的状态；

（7）注意保持好POS机的清洁卫生，不允许在机器上摆放物品，做到防水、防尘、防油；

（8）注意经常检查各条接线的接口接触是否松动；

（9）请勿在带电状态下插拔POS机的带电部件及外设， 电源线的连接应安全和固定，不能随意搬动机器和拆装内部器件；

（10）清洁POS机时，请不要使用潮湿的抹布或化学制品擦拭机身，如汽油、稀释剂等；

（11）当POS机出现故障时，应立即切断电源，停止使用。请勿私自拆开或维修，应及时与专业公司联系或在技术人员技术支持下进行维修；

（12）要正确地开关机（开机时，观察各种设备是否接通电源），动作要轻，特别是在开启、关闭钱箱时要防止震动；

（13）当出现卡纸现象时，记住应当先关闭打印机的电源，再打开打印机的盖子，小心地取出被卡住的纸，重新放好打印纸，盖好打印机。在装打印票据纸时，记得把打印机里的纸碎片清理干净，同时保持里面的卫生；

（14）最后一班的服务人员下班时要检查电源是否已经断开。

第二节　前厅服务员识别真假的技能

识别证件的真假

对于快捷酒店来说，前厅服务员必须要掌握各类证件的识别技术，内宾包括身份证、军官证等，外宾包括护照、居住证，港澳同胞来往内地通行证、台湾同胞来往大陆通行证等。在为宾客办理入住登记时要特别注意证件的有效期，过期的证件不允许使用。

1.第二代身份证的识别方法

（1）在一般的光线下，前厅服务人员可选择平视第二代身份证表面，查看其表面上的物理防伪膜是否无色透明。

（2）在性别项目的位置，有定向光变色的“长城”图案，自然光条件下，垂直观察看不到图案，和法线（垂直于图案平面的直线）成较大夹角时，在正常位置观察，图案反射光颜色为橘红色；当图案绕法线方向顺时针或逆时针旋转30°～50°时，图案反射光颜色为绿色；当旋转70°～90°时，图案反射光颜色为紫色。

（3）在相片下有变光存储的“中国CHINA”字符，可观察到“中国CHINA”字样，字符串周转有渐变花纹，外围图案呈椭圆形。

（4）真身份证正面国徽中顶部，大五角星上角正指一处有麦穗相对形成的缺口。假身份证“缺口”与真身份证“缺口”有所不同，即使形状相同，但两侧麦穗形状模糊不清，导致“缺口”不成形态。

（5）用放大镜观看在彩虹印刷的底纹中是否有缩微字符串“JMSFZ”。

（6）观察正面“居、民、身”三个字。真证反面“居、民、身”三个字为宋体字，是公安部为第二代身份证专门设置的，其中“居、民”两字中的横笔右边不出头，与右侧的竖笔平齐（电脑字库中的这两个字横笔右边均长出竖笔）；“身”字中间两横笔不与右侧竖笔相连（电脑字库中的这个字两横笔与右侧竖笔相连）。公安部在制作第二代身份证时专门为它“造”了这三个字。

2.军官证的识别

针对不法分子用假军官证代替身份证去酒店开房的情况，酒店的前厅服务人员需要做到能够有效识别军官证的真假，具体标准如下：

（1）看照片：军官证上的照片均为一寸、正面、免冠照片，军人应穿着军装，佩戴肩章，同时肩章显示的级别应与证件记载的衔级相符合；男军人不准留大包头、大鬓角和胡须，女军人不准染发，披肩发，戴耳环；照片上应有发证机关的钢印。

（2）看发证机关：军官证的发证机关一般为部队单位的政治部，军校学员证为院校的训练部，作战部队为部队的司令部。

（3）看印章、水印：军官证上应同时在照片处盖有钢印、在发证机关处盖有红印，并且红印应与发证机关记载的单位一致，红印的底部应带有“证件专用章”字样；同时，军官证证芯对着阳光可看到“JGZ”等字样的水印。

（4）看证件信息：看军官证上的出生年月是否与照片及本人年龄相符；看军官证的籍贯是否与客户口音相符；看军官证的衔级是否与其年龄相配。

（5）看证件要素：军官证的左下角位置应有“NO.XXXXXXX”的编码，编码一般情况下为7位数。

（6）看证件本身：主要看军官证的新旧，一般骗子的军官证是新办的或很少使用，看起来比较新，而真正军人的证件使用频率很高，发证时间稍长的看起来相对破旧，磨损的痕迹会比较明显。

（7）看证件有效期：军官证有效期通常为4年，一般情况下不会超过4年，由于其他原因可能少于4年。

（8）看客户神态：一是观察宾客的行为举止，军人通常具有较常人不同的气质特征；二是观察宾客的表情，弄虚作假，有不良企图的人通常神情较为紧张。

3.宾客护照的识别

前厅服务员在识别入住宾客的护照时，不仅要确认持照人的国籍、身份、护照类别、护照有效期等最基本的内容，还要注意护照上注明的《注意事项》内条款的内容，注意鉴别护照的真伪以及其合法性。

同时需要谨记我国不承认的几种护照，主要包括有：世界服务组织发的护照；议会护照；英国旅游护照；英国属土公民护照和英国国民（海外）护照；把我国的领土作为一个国家发的护照；中国公民持有的“受汤加保护者护照”、“汤加国民护照”；中国公民非法持有的其他外国护照等。

4.普通签证的识别

首先要明确一点，普通签证一般发给持普通护照的外国人，根据外国人申请来华事由分为八类，分别标有相应的汉语拼音字母：C字签证发给执行乘务、航空、航运任务的国际列车乘务员、国际航空器机组人员、国际航行船舶的海员及其随行家属；D字签证发给来华定居的人员；F字签证发给应邀来中国访问、考察、讲学、经商、进行科技文化交流及短期进修、实习等活动不超过六个月的人员，其中五人以上组团来华的，可发给团体访问签证；L字签证发给来华旅游、探亲或因其他私人事务入境的人员，其中五人以上组团来华旅游的可发给团体旅游签证；G字签证发给经中国过境的人员；J–1字签证发给来中国常驻的外国记者，J–2字签证发给临时来中国采访的外国记者；X字签证发给来华留学、进修、实习六个月以上人员；Z字签证发给来华任职或就业的人员及其随行家属。

其次是有效识别签证的真伪。要明确持照人取得前往国家（地区）的签证是否有效合法，多与国家有关机构进行联系，不要嫌麻烦就抱着多一事不如少一事的想法，这样只会给酒店造成一些不必要的损失。

特别需要注意的一点就是，前厅服务人员一旦发现假证件，应当设法稳住宾客，并巧妙地向当地公安机关、上级业务主管部门报告。

识别真假信用卡和人民币

前厅服务员要熟悉掌握怎样识别各种信用卡，以及它们的使用方法。目前社会上已经发现有人用伪造的信用卡作案，企图获取别人钱财。那么，对于酒店的前厅服务人员来说，如何有效快捷地进行信用卡的鉴别工作，是一项不可缺少的本领。具体操作程序如下：

1.查看塑料底片

真卡表面光滑，颜色不易脱落，底片有防伪标志；伪卡表面粗糙，颜色易脱落，底片一般无保安设计。

2.查看印刷质量

真卡颜色鲜明，字样清晰，卡面条纹清楚整齐；伪卡字样模糊，颜色过深或过浅，卡面条纹不整齐，犹如贴在白卡上。

3.查看签名栏

真卡有重复发卡公司的商标；伪卡无公司商标，即全白色或有涂改痕迹，且签名不流畅。

4.查看压印

真卡卡号大写英文字母整齐有序；伪卡压印号与英文字母不整齐或大小有别，其中涂改卡旧卡号在卡面隐约可见。

另外，前厅服务人员在具体工作中还要了解有哪些信用卡可以接受。一般在酒店可以使用的信用卡有美国运通卡、JCB 卡、DC 卡、VISA 卡、长城卡、牡丹卡、招商卡、银联卡等。

对于使用现金进行付款的宾客，前厅服务人员要做好针对人民币的辨认工作：

（1）2015年新版的一百元与原来的一百元人民币等值流通，其图案和主色调不变，个别图案进行了改动，防伪技术有了很大提升。

（2）正面的“100”字样为绿色和金色交替变换，当平视观察的时候会发现字是金色为主的。

（3）2015年新版的100元纸币安全线在正面右侧，为光变镂空开窗安全线，倾斜观察可以变为绿色。

（4）正面左侧透过光亮观察，可以看到毛泽东头像。

（5）新版100元纸币正面左下方和右侧都有横竖双号码，注意颜色不一样。

（6）在新版100元人民币正面左下角和背面右下角分别有部分“100”的图案，透过光亮可以将两面的数字组成一个完整的“100”字样。

（7）在正面上方的“中国人民银行”字样有凹凸感，因为这是采用了雕刻凹印印刷技术。

（8）正面毛泽东图案领子部分也采用了上述的凹印技术，所以也会有凹凸感，其他部分，如数字为7的地方同样都有凹凸感。

（9）在新版100元纸币正面左下方透过光亮可以看到有“100”的字样，这里就是传说中的“白水印”。

第7章

快捷酒店前厅话务服务细节

前厅服务员必须要时刻掌握好转接电话的技能，了解快捷酒店的组织结构，详记各分机号码，并熟记各领导的姓名、声音，这样才能更好地进行话务服务。

第一节　应答服务流程

外线电话应答和转接

前厅服务员接听电话时要保证声音清晰柔和，便对方感觉舒心亲切，努力地将你的笑语和善意融入声音之中，使对方觉得电话里的接线声音有一份温暖和微笑，这样说起来似乎很抽象，但作为一个好的酒店话务人员来说，却又是必须具备的条件之一。

同时，前厅服务员对电话机的性能与功用、电话路线号码等应有清楚的认识并须牢记在心，这样接打电话时才能应付自如，节省时间，避免令对方久等。具体来说，外线电话的应答流程如下：

（1）在电话铃响三声内接听。

（2）服务员要统一使用普通话。

（3）电话接通后，服务员可这样说："您好（早上好），XX快捷酒店，有什么可以帮您？"来作为电话的开始。

（4）在接听电话的过程当中，服务员要小心聆听，避免打扰宾客，有需要时可多重复宾客的话语。

（5）当服务员准备接电话时，一定要认真对待，切勿边说话边拿起话筒，让宾客有一种不被重视的感觉，从而对酒店产生不好的印象。

电话转接程序如下：

（1）铃声响三声以内接听电话，声音一定要清晰有力，表达要清楚明了。可这样讲：“您好，XXX快捷酒店”或“您好，前厅”。

（2）仔细倾听来电者的要求，听清楚再回答其提出的问题。

（3）对于来电者想要转接电话的要求，首先要查询是否有这样的宾客住店，如来电者要求转入电话的房间与实际不符，应礼貌示意其是否记错房号。

（4）若转接的过程当中，接收方无人接听或占线时，可请来电者过一会儿再打或留言。

（5）经过住店宾客同意后，可对来电者这样说：“现在我将电话接往A先生的房间，请稍等”，或是“很抱歉，A先生已退房/尚未抵店，暂时不在房间，请问您是否需要留言”。

（6）服务员要切记，在转接电话时，一定要征得住店宾客同意后才可以为其转接。

内线电话应答和转接

内线电话应答的流程，与外线电话一样，铃响三声内一定要接听，并且统一使用普通话：“您好，前厅，我是XXX（报工号）。”

内部电话转接程序：

（1）首先服务员一定要对酒店有着详细的了解，包括各部门经理、主管的姓名、工作概况及内线号码。

（2）在进行转接的过程，一定要转接给有能力解决来电者问题的内线。在这个过程中，不仅要告诉来电者你把电话转往何人，同时也需要知会另一方谁来电及你转接的原因。

（3）如果来电者是需要传呼领导时，一定要问清来电者是哪个部门、找领导何事，然后对来电者说："请稍等，我马上为你转接。"之后，先征得领导同意，当领导同意接电话时方才可以把电话转接过去。

电话问讯和留言服务

快捷酒店的宾客通常都会直接向前厅服务员提出各种问讯，针对这种情况，在工作允许的时间内，服务员应像一个问讯员一样，掌握大量的信息资料，这样才能及时和准确地回答宾客所提出的各种问题。

具体的电话问询服务如下：

（1）在铃响三次之内，服务员接听电话，直接清晰地报出自己所在部门，并且表示愿意为宾客提供帮助。

（2）仔细聆听宾客所提的问题之后，再次确认宾客问询内容，以便宾客确认。

（3）若是宾客咨询的问题能立即回答的，服务员要及时给宾客满意的答复。若是宾客提出的问题需要进一步查询方能找到答案的，可以先请宾客稍候，之后快速在电脑储存的信息中查找宾客问询内容，找到准确答案后及时答复宾客。

（4）如果宾客所提出的问题，服务员查不到所需信息，要礼貌地说“对不起”。

当有电话打进前厅，问讯找不到住店宾客的时候，服务员必须主动向来电人建议，是否需要留言。具体的电话留言服务流程如下：

（1）当因为客房宾客的电话无人接听，来电人要求留言时，服务员必须认真核对来电人要找的住店宾客姓名，确认无误后方可继续。

（2）核对该宾客是否正在住店，是否有可能是预抵但尚未登记入住的。在这种情况下，除非宾客已结账离店，一般都应当为宾客做电话留言服务。

（3）找到便笺，在上面记录来电人的姓名和电话号码，以及电话来处和留言内容。

（4）将来电人姓名、住客姓名、电话号码及留言内容在电话中进行重复，得到来电人的确认。

（5）将留言内容直接输入电脑，然后将留言在打印机中打印出来。一联交给客房，一联放入留言袋内。

（6）通过电话系统打开宾客房间内电话上的留言灯，这样当宾客进入房间之后，就能够快速方便地通知宾客查询留言。

（7）当宾客收到留言后，服务员需要将电脑中的留言取消掉，之后关闭留言灯，最后从留言袋中取出留言销毁。

应急电话服务

前厅总机除了提供对客服务外，在酒店内出现紧急情况时，还能够作为酒店管理人员的指挥协调中心。

（1）前厅服务人员如果突然接到紧急报警电话，首先要告诉报警的宾客和内部服务人员保持冷静，之后详细地向其询问姓名、所住房间号（所在部门）和事故地点等。

（2）迅速将有关内容仔细准确地记录在案，视具体情况上报领导或是直接报警。然后告诉报警的宾客或酒店内部人员："我们会立即通知有关部门及人员，请您马上撤离。"

（3）准确地将有关报警内容记录在报警本上，之后立即向安保部进行报告。

（4）快速通知有关部门：如果是白天的话需要通知客房部、总经理办公室等；而夜间则需通知酒店值班经理、安保部值班室。

（5）根据紧急处理预案的要求，前厅服务人员还要做好通信联络工作。

第三节　叫醒服务流程

人工叫醒服务

住过酒店的人基本上都知道，一般的酒店都有Morning Call Service，即人工叫醒服务。具体的操作方法是：酒店的服务员早上根据宾客指定的时间打电话（也有直接敲门的）叫宾客起床，或是早上用餐，或是处理要事。

这样的服务常常让宾客可以安安稳稳地睡觉，而不用担心睡过头而错过了要事。不过，随着科技的不断发展，现在快捷酒店采取的一般是电脑叫醒，只有在遭遇电脑没叫醒宾客的情况，才进行人工叫醒。

人工叫醒服务的流程：

1.接听宾客叫醒服务

（1）前厅服务员在接到宾客需要叫醒服务的要求时，要问清宾客房号、姓名及叫醒时间。在电话中复述宾客叫醒的要求，并得到宾客的确认。

（2）检查叫醒客房的种类和宾客类型，最后祝宾客晚安。

（3）通知客房服务员再次对房间叫醒服务做确认。

2.填写叫醒记录本

将需要叫醒服务的宾客的叫醒时间输入电脑后，在《叫醒登记本》上按时间顺序填写宾客的房号，宾客叫醒时间；之后，要认真复查，签上服务员姓名。

3.叫醒宾客

在宾客指定的叫醒时间，及时按下宾客的房间号码，然后用亲切和蔼的语气称呼宾客的姓名，叫醒时要讲：早上好，我是服务员，现在是×点钟，已到您的叫醒时间。宾客回答之后，要祝宾客愉快。

如没叫醒宾客，可通知客房服务员去敲门确认宾客是否离开房间。如果宾客已离开，需反馈给办公室或总机；如宾客还在睡，可轻唤宾客，或通知值班经理即可；如宾客房间反锁叫不醒时，要立即通知值班经理。

散客叫醒服务和团队叫醒服务

在快捷酒店住宿的宾客最常提出的一个要求就是叫醒，针对宾客叫醒服务，酒店专门设置了针对散客和团队的不同的叫醒服务。

散客叫醒服务流程：

（1）针对宾客提出的叫醒服务，服务员首先需要接听和记录好，等到了宾客要被叫醒的时间后，服务员需按机台上的叫醒健，输入客房号码和叫醒时间。

（2）服务员在电脑上给房间的宾客做叫醒服务，如果宾客没有接听，十分钟后会自动弹回来，这个时候，就需要机器做一遍，人工做一遍，如果依旧没有人接听，就需要立即通知客房部，由客房服务员再次到房间对宾客进行叫醒服务。

团队叫醒服务流程：

（1）前厅接到团队的叫醒服务要求后，要按照前厅操作程序把叫醒信息输入电脑。

（2）检查叫醒团队内所有宾客的情况，如发现任何问题都要及时进行纠正。

（3）叫醒时间到后，如果没有人接听，就需要立即通知客房部，由客房服务员再次到房间对宾客进行叫醒服务。

团队叫醒时的注意事项：

（1）有团体宾客的叫醒服务时都必须在宾客指定的时间正确执行。

（2）第二天早晨为确保所有团体宾客房间的叫醒服务已完成，服务员必须检查打印出的叫醒服务记录，记录上显示应为“已接受”或“无应答”。

（3）将打印出的叫醒服务记录与团体住店信息单附在一起，存档备查。

第8章

快捷酒店前厅单据表格

作为酒店的服务中心，前厅服务人员不但要知道相关表格单据的填写、使用方法，更要明白这些表格单据的用途。这些表格单据也经常是酒店各级管理人员和宾客了解询问的内容，因此在填写、浏览柜关表格单据时，切忌走马观花，一定要做到心中有数，并且要善加保存、定期整理，不可随意删除、修改、销毁。

第一节　存档制度

PMS系统管理

为了防止因酒店内突然出现停电、系统发生意外等不可预见原因而引起的资料丢失现象，PMS酒店管理系统设计有一项资料备份功能。这项功能可以有效地降低因各种原因造成的酒店宾客资料丢失的风险，让酒店内部能够快速恢复正常业务，提高酒店内服务员的工作效率。

具体操作方法是：在PMS管理系统中选择备份标题，就可以选择进入到资料的备份界面。如果是想要即刻备份的话，可以点选确定键，系统会自动完成对当前资料的备份。之后当系统再次把备份日期、备份人、备份状态显示出来时，就表示关于酒店资料的备份工作已经完成。

完成之后，当酒店出现由于各种原因造成数据丢失时，服务员想要找回原来的数据，就需要使用到PMS中的数据恢复功能。通过此项功能可以将数据恢复到任何有备份数据的时段，可尽量减少数据丢失对快捷酒店内部所造成的损失。此步骤由技术部门支持，在此不再赘述。

为了保证以上功能能够时刻正常运行，需要酒店的服务员经常对PMS系统进行维护保护。因为酒店操作系统是由多部门、多名员工共同操作的，在工作的过程中可能会出现一些错误，尤其是房盘部分又比较重要和复杂，因而，当出现房盘方面的错误时，酒店的服务员往往不知从何处下手。PMS系统就专门为此种情况设计了重建房盘，它可以很方便、安全地帮快捷酒店把房盘调整到最合理的状态，并且不影响服务员当前的工作。

前厅常设文件夹

在快捷酒店的前厅，为了方便查询资料，需要服务员在电脑上常设文件夹，主要是保存宾客询问所收或所发文件的相关内容。

（1）设文件夹。设文件夹的步骤是：首先在电脑上建立新文件夹，如："年月日_收发文件"，在该文件夹中建立一个"收"或"发"的文件夹，然后在"收"或"发"的文件夹中建一个"年月日_项目名称"的文件夹；之后可以将接收或发送文件存放至电脑相关项目文件夹中，并同样在《收文明细》或《发文明细》中进行详细的记录。

（2）了解所收或所发文件内容，按收或发送时间、项目建立相应的文件夹，并做好书面记录，便于查找；同时及时将文件转传给相关项目负责人，并确认对方收到。

（3）当天工作结束后，按时将每天收或发的文件发给档案管理员，由其整理后存至服务器相应项目文件夹中。

第二节　日常常用表格

宾客订房确认表

传真：　　　　**姓名：**

姓名：　　　　**日期：**

姓名	性别	国籍	房类	入住日期	航班号码	退房日期

注：本店设有非吸烟楼层，如需入住请说明。

结算办法	房租	餐饮	客房饮料	洗衣	长途电话	康乐	其他

续表

现　付							
挂　账							
其　他							
订房人							
特殊要求							
公司及持卡人编号	电　　话		传　　真		挂账签章		
酒店回复意见	以上委托：已确认□　　房满未能确认□						
备　　注	1.订房保留到今天　　时　　分。 2.如有更改请立即通知酒店订房部。						

房间流量控制表

日期				
	编　号		名　　称	
	填 表 人		领队或陪同	
	客房总数		标 准 间	
	单 人 间		豪 华 间	
日期	现出租房间			
房号	标准间	单人间	豪华间	
日期	未出租房间			

续表

房号	标准间	单人间	豪华间
日期	当日退房		
房号	标准间	单人间	豪华间
日期	今后三天内退房		
房号	标准间	单人间	豪华间
日期	今日可预订空房		
房号	标准间	单人间	豪华间
日期	今后三天可预订空房		
房号	标准间	单人间	豪华间

制表人　　　　审核人

宾客档案登记表

<table>
<tr><td>姓 名</td><td>性 别</td><td>籍 贯</td><td colspan="2">出生日期</td><td>常住地址</td></tr>
<tr><td></td><td></td><td></td><td colspan="2"></td><td></td></tr>
<tr><td>从何处来</td><td colspan="2">入住日期</td><td colspan="2">退房日期</td><td>工作单位（公司）名称</td></tr>
<tr><td></td><td colspan="2"></td><td colspan="2"></td><td></td></tr>
<tr><td colspan="3">身份证号码</td><td colspan="2">账目结算方式</td><td rowspan="2">宾客签名</td></tr>
<tr><td colspan="3"></td><td colspan="2"></td></tr>
<tr><td colspan="3">请注意：
（1）退房时间是中午12：00时。
（2）收款处设有免费保险箱，酒店对宾客没保管好的贵重物品不负责赔偿。
（3）访客请在晚上11：00时前离开客房。
（4）结账后请交回钥匙。
（5）房租不包括房间里的饮料。</td><td>备
注</td><td colspan="2"></td></tr>
</table>

日租：　　　　房号：　　　　值班人员签名：

预计宾客抵店登记表

________年______月______日

预订号	序号	宾客姓名	房间号	预期抵店日期	预期抵店时间	预期抵店预测时间	备注
1.							
2.							
3.							

审核　　　　　制表

预计宾客离店登记表

________年______月______日

预订号	序号	宾客姓名	房间号	预期离店日期	预期离店时间	预期离店预测时间	备注
1.							
2.							
3.							

审核　　　　制表

每日交接班前复查工作表

月　　日

事项	完成情况		交接具体事项
备用金	□正常	□不正常	
客账	□正常	□不正常	
备用零钱	□正常	□不正常	
早餐券	□正常	□不正常	
小商品	□正常	□不正常	
预订记录确认情况	□正常	□未完成	
催账情况	□正常	□未完成	
房卡钥匙	□正常	□未完成	
内部钥匙领收情况	□正常	□未完成	部门：
贵重物品寄存	□正常	□未完成	房号：
遗留物品	□正常	□未完成	房号：
洗衣记录	□正常	□未完成	房号：
行李寄存	□正常	□未完成	房号：
客人留言	□正常	□未完成	房号：
客人邮件、快递	□正常	□未完成	房号：
酒店邮件、快递	□正常	□未完成	部门：
叫醒记录	□正常	□未完成	房号：
宾客意见反馈表	□正常	□未完成	
物品借用记录	□正常	□未完成	房号：
房态核对	□正常	□未完成	
前台设施设备（照明、空调、电脑）	□正常	□报修	
前台卫生情况	□正常	□未打扫	

签名确认：

前厅当班人员工作记录表

日期：　　　　　　　　　　班次：　　　　　　　当值主管：

当值行李员：

派送员：

当值接待员：

编号	离开时间	去向						房号	件数	返回时间	车牌
		散客		团体		派送	其他				
		入	出	入	出						

酒店当日未到和取消预订表

类 别	未 到	取 消	总 计	累计未到	累计取消	总 计
散客						
标准房间						
豪华房间						
标准套间						
豪华套间						
总统套间						
团队						
标准房间						
豪华房间						
机组人员						
其他						
合计						

日期：

制表人：　　　　　　　　　　审核人：

交接班登记表

年　　月

日期	值班人	接班人	是否交接班及接班原因	经理同意接班签字	备注

留物登记表

DATE________________	FARCEL NO________________
PARCEL FROM	PARCEL TO
留物人________________	取物人________________
ADD.TEL OF OWNER	ADD.TEL OF ADDRESEE'S
留物人住址、电话__________	取物人联系电话或地址__________
DESCRIPTION OF PARCEL	DATE OF PICKING UP
何物________________	取物日期________________
RECEIVED BY	DELIVERED BY
经办人________________	经办人________________
STORAGE LIMIT	ADDRESEE 'S SIGNATURE
留物存放期限__________	取物人签名________________
STORAGE PLACE	ID CARD/PASSPORT NO.
留物存于何处__________	取物人身份证/护照号码
REMARK	________________
备注________________	

注意事项：

请宾客在规定期限内将留物取回，若过时不取而招致遗失或损坏则酒店不负责。金钱和贵重物品恕不接收。

宾客遗留物品登记表

日　期			编　号	
捡拾人姓名			上交时间	
物品名称	件数	单价	捡拾地点	备注
领班意见				
主管意见				
部门经理意见				

酒店常见房态表

房态	英文	中文	备注
Occupied	Occupied	住客房	住店宾客正在使用的客房
Vacant	Vacant	空房	暂时未出租的房间
OC	Occupied&Clean	已清洁住客房	
OD	Occupied&Dirty	未清洁住客房	
VC	Vacant&Clean	已清洁空房	已完成清扫整理工作，尚未检查的空房
VD	Vacant&Dirty	未清洁空房	
VI	Vacant&Inspected	已检查空房	已清洁、并经过督导人员检查，随时可以出租的房间
CO	Check out	走客房	宾客刚离店，房间尚未清洁
OOO	Out of Order	待修房	硬件出现故障，正在或等待维修
OOS	Out of Service	停用房	因各种原因，已被暂时停用房间
BL	Blocked Room	保留房	为团体宾客、预订宾客以及重要宾客等预留的房间

续表

SK	Skip	走单房	一种差异房态。前厅房态是占用房，而管家房态是空房
SL	Sleep	睡眠房	指前厅房态为空房，而管家房态是占用房
S/O	Sleep Out	外宿房	住店宾客外宿未归
LL	Occupied with Light Luggage	携少量行李的住客房	
NB	No Baggage	无行李房	
DND	Do Not Disturb	请勿打扰房	客房的请勿打扰灯亮着，或门把手挂有“请勿打扰”牌
DL	Double Locked	双锁房	酒店（或宾客）出于安全等某种目的而将房门双锁

酒店给宾客的致歉信

亲爱的宾客：

首先，请允许我对您遇到的______问题给您带来的不便致以真诚的歉意。

但同时，我们也可以向您保证，这不是我们管理的正常标准。这是我们酒店没有教育好，没有让员工们明白“顾客是上帝，是我们的衣食父母，顾客的满意是我们服务的宗旨”的深刻内涵！以后，我们会尽一切努力做好，以确保您以后再不会有如此不便之处。

请接受这个小礼物作为我们最诚挚的歉意。

并祝您过得愉快！

________酒店

________年______月______日

附录1

酒店前厅常见问题处理方法

前厅服务员在面对一些宾客出现的特殊情况或提出的要求时，其处理方法如下：

1.宾客自称是酒店总经理的朋友要求持价入住

（1）前厅在没有接到通知的情况下，不可以答应宾客自己没有权限的房价，但也不能拒绝宾客，要请宾客先入住，办理正常入住登记手续。

（2）礼貌委婉地请宾客入住后，设法自己联系总经理通知前厅更改房价。

（3）请宾客明白，前厅服务员只有在接到领导通知后才有修改房价的权力，争取宾客谅解，表示感谢。

（4）知会上级领导，做好交接班的工作。

2.宾客报房内电话打不出去

（1）首先请宾客提供房号，之后前厅服务员根据房号查看该住客的电脑信息。

（2）如果只是宾客自己没留心的话，可以向宾客解释原因，拨号前要加9；或是否没有开通外线，请宾客谅解，并请宾客给予配合。

（3）如果真的存在线路问题，前厅服务员要在电脑上进行记录并通知工程部进行查看维修。

3.宾客带宠物进酒店

（1）前厅服务员要立即阻止宾客，并且礼貌地告诉宾客，酒店有规定是不允许带宠物进店的。

（2）请宾客将宠物暂时寄存，并且办理相应手续；请宾客谅解，表示感谢。

（3）直至宾客将宠物带离酒店为止都要做好相关服务工作。

4.宾客到前厅时接待员正在接听电话

（1）接待员首先要微笑着立即向宾客示意，请宾客稍等。

（2）尽快结束电话，之后热情礼貌地为宾客提供服务。

（3）如果通话占用的时间较长，则必须在电话挂断之后礼貌地向宾客道歉，争取其谅解。

5.宾客房卡丢失

（1）首先前厅服务员要请宾客报出房号和登记人的姓名等信息，在电脑上进行确认。必要的话可请宾客出示有效证件，然后与电脑上的登记人进行相关信息核对。

（2） 信息确认无误后，可为宾客重制一张房卡，并提醒宾客，丢失的房卡如没有退回需要进行赔偿。

（3） 告诉宾客原先的房卡已失效。

6.宾客晚上结账，第二天早上离店，要求保留房卡

（1）前厅服务员要向宾客解释酒店结账是24小时服务的，宾客其实完全可以在离店时再办理退房结账手续。

（2）根据宾客的要求进行查房和结账，如果宾客还要保留房卡，那么就需交付作为房卡或其他可能产生费用的预付金。

（3）前厅服务员还可以告诉宾客，在没有查房的情况下，可先将房费结清，之后再交付留存作为房卡或其他可能产生费用的预付金。

7.宾客携带的密码箱钥匙丢失，要求帮助开箱

（1）前厅服务员可以先请宾客出示有效证件进行确认、登记。

（2）还需要请宾客报出箱内相关物品（颜色、数量），这样才能够在开箱后进行核对。

（3）开箱前还要请宾客填写开箱授权书并签名。

（4）要求前厅经理在场的情况下方可进行开箱，并且前厅经理也要签名确认。

8.住店宾客一夜未回房

（1）在得知有宾客一夜未回房后，前厅服务员首先要查询其房号和房内是否有行李、房门钥匙等物品。

（2）通过电脑详细了解宾客的相关信息，如宾客的联系方式和工作单位等。

（3）根据信息尽量与宾客取得联系，确定房间如何处理。

（4）及时通知当值经理。

9.宾客到店后，客房未准备好或未整理好

（1）前厅服务员首先进行道歉，之后询问宾客是否愿意改住其他类型房间，提供其他房为宾客入住。

（2）询问客房部整理房间所需时间，请宾客在大堂休息或先出去用餐、办事。

（3）随时与客房部联系，以保证能够及时让宾客进房休息。

（4）与客房部核实房态，迅速查出发生这种情况的原因。

10.宾客入住登记押金不够，称晚上朋友带钱来补交

（1）可以建议宾客先进行预订，酒店为宾客留房。

（2）前厅的服务员也可以让宾客入住，根据押金数额，征求宾客同意撤出一些日用品。

（3）让宾客刷信用卡或联系上级管理人员来作担保。

（4）时刻关注此房动态，在交接班时，也要随时跟催押金。

11.宾客订了两间房，要求帮其晚到的朋友登记开房

（1）前厅服务员需要礼貌地向宾客解释，根据公安部的最新规定，两间房必须要有两份证件才能登记。

（2）建议宾客先开一间房，另一间作保证类订房，酒店会为其留房的。

12. 访客询问保密房或重要宾客的房号

（1）前厅服务员必须坚持住客的信息资料不能随意泄露的原则，可以对宾客进行道歉，但依旧不能告知。

（2）建议访客进行留言，为其转告。或是婉转告诉访客暂无其要找的宾客入住。

（3）及时电话告知住客有客来访的情况，之后将访客留下的留言单交给住客。

13. 陌生宾客到前厅来取房卡

（1）首先查看前厅是否有此宾客所说的房卡寄存。

（2）详细查看房卡寄存人的要求。

（3）让陌生宾客提供其身份证明，进行身份核对，有必要时也可进行登记。

14. 名人住店

（1）请客人出示有效证件，在入住登记表上记录姓名和单位。

（2）确认后，可通知上级领导对其进行积极配合的服务。

（3）对外要有进行保密的意识和作为。

15. 宾客行动不便

（1）前厅服务员在征得宾客同意的情况下，为宾客提供帮助。

（2）在为此类宾客安排客房的时候，尽量靠近电梯或门口。

（3）提醒宾客有需要时，可以随时通知酒店相关岗位为其服务。

16. 宾客在店外打电话要求退房

（1）请宾客在电话中报出其所住的房号、登记人姓名、公司名，之后迅速进行核对。

（2）询问来电宾客客房钥匙的位置。

（3）询问宾客以什么方式结账，并做好相应工作。

（4）要及时通知客房部查房，进行退房处理。

17.离店宾客要求保留客房，要求两天后重新入住此房

（1）前厅服务员要首先查看两天后的客情，确定是否能为其预订此房。

（2）如果能预订，为宾客做预订并写明备注，但不能向宾客承诺一定给其保留此房，只能向其保证是尽量。

（3）前厅服务员要做好交接班工作和客史档案。

18.离店宾客要求转交物品

（1）前厅服务员要向宾客询问取物时间长短，如时间较长，请宾客寄存于礼宾部。

（2）向宾客说明，对易燃、易爆、易碎物品以及食品等是不予转交的。

（3）除上述物品外，可请宾客到行李保管处办理存放领取手续，并书写一份委托书，注明物品名称、数量、取物人姓名、联系地址等并签名。

（4）请宾客将物品打开查验，核对行李牌及委托书与物品是否一致。

（5）来人取物品时，应请其出示有效证件，写下收条并在行李领取簿上签名，有必要则复印证件，以备后查。

19.发现双重售房

（1）立即向宾客道歉，之后快速准备空净房房卡，办理换房手续，然后通知大堂经理。

（2）在宾客入住时，服务员可对其进行房间升级或是送到房间内一些水果、酒店礼品等，以示歉意。

（3）当值服务员要写检讨并做出相应处罚。

20.预订宾客要求将一特别畅销的房间预订保留至某一很晚时间

（1）前厅服务员要提醒宾客，虽然可以在合理的时间内为其保留预订，但很有可能不能保留到次日。

（2）尽量确认宾客抵店的具体时间，并与其随时保持联系。

（3）在经过上级同意后，可为其客房升级，以迎合当日此类客房的客情。

（4）最后一点，也可以建议宾客提供信用卡卡号或先支付费用，做保证类订房。

21.宾客外出返回，发现个人钱物丢失

（1）首先，前厅服务员要及时对宾客表示非常抱歉出现此类事情，同时请宾客提供房号或姓名；

（2）与宾客、安保人员一起到现场详细了解相关内容，如宾客离开和回来的时间、钱物摆放的位置、丢失钱物的数量等；

（3）详细进行有关的记录，并承诺会给宾客调查结果，请宾客再回忆事件是否有出入；

（4）根据宾客提供的信息，到客房部和监控中心进行调查，询问当班服务员所知情况，将调查结果告诉宾客，由宾客决定是否报警。

22.客房服务员告知客房地毯发现烟蒂烫洞

（1）前厅需要先请客房服务员再次确认是否为新出现的烫洞，以确定是否为该宾客住房期间所造成的；

（2）向宾客解释客房内地毯上有烟洞，根据酒店的规定需要赔偿；

（3）如宾客有异议，前厅服务员需与宾客一起上房进行查看，请宾客回忆；

（4）确定责任后，可酌情减免赔偿费用。

23.宾客结账时，将一条浴巾带走

面对这种情况时，前厅服务员千万不能直接问宾客是否带走了一条浴巾，并要求赔偿，而应礼貌地请宾客帮忙回忆浴巾放置在什么地方；如宾客不愿当面拿出，就可请宾客回房帮助寻找，给宾客留足面子；向宾客解释房内找不到浴巾，则需要宾客进行赔偿；如宾客承认，则应向宾客解释浴巾为酒店非易耗品，如宾客需要可以购买，同时非常感谢宾客能购买酒店物品作为纪念品。

24.宾客结账时，发现个别账单签名与其字迹不符

（1）前厅服务员要先向宾客表达歉意，之后立即进行对比查看；

（2）询问宾客是否同意过同房宾客或其他朋友将消费记入房费中；

（3）对于仍存在的一些异议，请宾客可以选择先将账挂起，调查清楚后再结；

（4）对于有异议的账单，与当班的服务员进行核对、询问详情。

25.晚上探访时间已过，访客还未离开

（1）前厅服务员首先要礼貌地告诉宾客酒店的访客制度，请宾客予以配合；

（2）可根据宾客要求酌情延长访客离店时间，同时建议访客到前厅进行住宿登记。

（3）如果宾客不配合，则可与安保人员上房劝说，为访客进行住宿登记。

26.宾客在大堂不慎滑倒

前厅服务人员首先要立即上前向宾客道歉，并进行帮助，扶宾客至休息处，有必要时请酒店医护人员到现场。之后，了解宾客的相关信息，向宾客赠送水果或酒店礼品等，以表歉意。同时通知PA（公共区域保洁）组对现场设立告示牌，进行清理，或扩大范围，加强现场管理。

27.订单注明是自付，宾客结账时要求房费转公司

前厅服务员首先要礼貌地向宾客解释订房时是约定由宾客自付

的，酒店未收到公司通知；请宾客与公司联系，确定房费事宜，或者可以请公司以书面或传真形式通知酒店，但必须要有负责人签名同意；如果商量不成，可选择先将账挂起，待宾客与公司确认后再处理。

28.酒店客满，仍有宾客来住店

（1）要非常感谢宾客的到来，然后礼貌地向宾客解释酒店已客满；联系客房部，对维修房等特殊房间进行查看，向宾客做好解释，是否愿意入住。

（2）可为宾客做好预订，列入等候名单，有退房立即通知宾客。或是为宾客到其他同级的酒店进行预订，等次日有房间时，接宾客回酒店入住。

29.宾客未到时团队行李已到

（1）首先查看预订团队是否即将到店，确定行李属于将到店的团队；

（2）查看行李的完好程度，与送行李者确认行李件数并请其签名；

（3）将所有行李用网罩住进行保管，待团队抵店后派送；

（4）与团队领队取得联系，做好交接班时的服务工作。

30.宾客提取行李时，提取联丢失

（1）请宾客说出行李件数、式样、寄存时间等信息，提醒宾客只有与寄存牌上的所有信息相符才能提取；

（2）确定是否有如宾客所说的行李寄存；

（3）请宾客出示有效证件，与行李寄存牌进行核对，并复印证件登记，请宾客签收。

31.当宾客拒付押金时

（1）前厅服务员要礼貌地向宾客解释交押金是酒店的规定，是为了方便宾客在酒店内消费；

（2）可酌情减少押金的数额，但必须高于房费；

（3）可建议宾客刷信用卡，结账时用现金或信用卡结算；

（4）可建议宾客联系酒店销售人员或其他人为其作担保等。

32.宾客对现金押金数额高出房费有异议

前厅服务员首先要礼貌地向宾客解释这是为了方便其在酒店内消费签单；同时向宾客说明，除了房费外，还有其他不确定的费用，如电话费、酒水费等。如果宾客还不是很满意，可建议宾客只押房费部分的现金，其余可刷信用卡结算。

33.团队要求延迟退房时间

（1）首先前厅服务员必须与此团队的接待人取得联系，确认延迟退房的收费事宜；

（2）要详细确定延迟的时间，根据客情上报请示，同时可选择建议团队保留少数客房，作为放置行李或休息之用；

（3）前厅要随时关注进度，跟进退房情况，做好结账准备工作。

34.访客要求前厅将贵重物品转交给预抵宾客

（1）前厅要与访客确定是否有此预抵宾客；

（2）通知大堂经理，将贵重物品存于酒店贵重物品寄存箱内，由大堂经理保管宾客钥匙；

（3）填写物品转交单，请访客留下姓名、单位及联系方法，并留言；

（4）做好交接班时的工作，跟进此事宜。

35.收到离店宾客的邮件

先查看宾客是否有交代如何处理其离店后的信件，如有则按交代的去办，如没有交代，对于特快专递、急件等应转寄下站式宾客家址，或立即退件。对于平信，则暂存一段时间，但每天都要查看是否有此宾客再次入住，若在暂存一周内仍无此宾客入住，可查看客史档案，联系宾客，催宾客来领取；或者联系宾客在本地区的接待单位，由单位转交。

36.接听电话时，宾客声音过小

前厅服务员可先向宾客抱歉，请宾客声音大一点，或是建议宾客重新拨打或改变通信工具，等到声音清楚后前厅服务员要仔细聆听，做好笔录，之后将笔录内容进行复述，与宾客确认。如果一直都听不到声音的话，则要告知宾客，随之挂机，立即通知维修部检修通讯设备。

37.有电话找住客，但电脑显示该房未出租

（1）向宾客抱歉，说明所要转的房间为空房；

（2）询问来电者所找宾客的姓名或单位等信息，确定是否已退房或未到；

（3）请来电者留下联系方式，稍后可根据客史档案与已离店的该房住客进行联系；

（4）请来电者留言为其转告。

38.宾客结账后，要在房内挂外线

前厅服务员首先要礼貌地向宾客解释，结完账后，房内的电话是不能打外线的。之后，建议宾客到酒店商务中心使用公用电话，或是酌情为宾客再次开通外线，但必须请宾客及时支付话费。如果商量不成，前厅可随时关闭外线电话。

39.宾客到了预计离店的时间，但未来结账，也未办理续住手续

前厅服务员需要先通知客房部查看，是否是外宿房，之后填写续住通知单，送入客房，请宾客回来时到前厅办理续住手续。如宾客的押金不足，则要进行电脑留言，并发催款通知单到客房，如果宾客还是没到前厅办理手续，则可根据客史档案，设法联系到宾客。

40.有公安人员至前厅要求查找某一住客或调查其他事件

（1）请来宾出示有效工作证，并记录姓名、单位；

（2）确认后，积极配合，通知大堂副理和安保部；

（3）带来宾进入非客服务区进行协助；

（4）对外进行保密。

41.某团体签证的外宾成员，在团体离店时，要求续住离团单独活动

前厅服务人员可选择首先联系该团的旅行社或接待单位，要求该团的旅行社或接待单位出示证明。然后请求宾客到本地公安局出入境科办理手续，以一般散客形式进行重新登记入住。

42.送洗衣物破洞，宾客与洗衣房各执己见

（1）先向宾客道歉，记录宾客反映的问题；

（2）检查收衣记录单，查看是否有说明，并向收衣服务员了解情况；

（3）与宾客协商，对衣物进行修补或进行赔偿。

43.住客拖欠账款

前厅服务人员首先要发催款通知单到客房，请宾客交付欠款；接着关闭外线电话，与大堂副理到客房，请宾客当面付款。最后，将宾客欠款现象输入客史档案，有必要时可列入酒店不欢迎名单。

44.宾客住店期间有逃账迹象

（1）随时关注宾客的定金，不足时发催款通知单到客房；

（2）向上级反映，通知客房部和安保部关注该宾客；

（3）通知客房部退房，将账挂起；

（4）输入客史档案，有必要时列入酒店不欢迎名单。

45.住客的行李被航空公司送错地点，要求帮助查找

前厅服务人员首先要安抚宾客，向宾客表示酒店一定会协助查找；之后请宾客提供其行李的件数、样式、所乘航班等相关信息；与航空公司取得联系，告诉相关信息，帮助查找；将宾客的行李接回店内，送到宾客房间。

46.发现酒店员工在工作场所争吵

前厅服务人员首先要立即上前进行制止，将涉事员工带离对客服务区域，同时向宾客抱歉，请宾客原谅。接着通知相关部门，进行内部处理。

47.发现宾客在房间内打架

（1）发现事件立即通知安保部和客房部，到门口查看；

（2）同安保部有关人员立即赶赴现场并控制局面，礼貌请宾客开门，向宾客解释其行为会影响其他住客，请宾客协助；

（3）将打斗宾客分离，请其平静调解；如有受伤者，则视其受伤情况通知有关人员将伤者送往附近医院治疗，尽可能将肇事者分开并疏散围观人员；向有关人员及肇事者了解事由；

（4）劝宾客立即退房，尽快离店。前厅经理可根据损坏情况而判定赔偿的数额；情况特别严重的，应请求上级是否应押送交治安管理部门处理。

48.为换房宾客送行李时，宾客不在

前厅服务员应立即电话联系宾客询问有关行李事宜；将行李存于

礼宾部，并给宾客留言；请客房服务员协助将行李送入房内；寻找其他同行人员房间，将行李送入并签收。

49.旅行团的宾客提前一天抵店

（1）首先查看当天客情，确定是否可以安排；

（2）通知酒店该旅行团的相关负责人做好接待；

（3）就近到其他同等级以上酒店订房，安排旅行团宾客入住，由宾客自付费用；

（4）按一般散客接待入住，房价由上级领导解决。

50.宾客打电话要求找总经理

首先，前厅服务员要礼貌地询问来电者的姓名或单位，是否与总经理约好；之后接通总经理电话，征得总经理同意，转接电话；如果总经理不同意，可请宾客留言，为其转达。如果宾客仍然强调要找总经理，可转至总经理秘书处，由其处理。

51.机场未接到宾客

酒店接待人员可向机场工作人员询问该航班所有的乘客是否已都下机；与航空公司确认该宾客是否乘坐预订的航班；电话与宾客取得联系是否有临时变更；与酒店接待处联系，宾客是否提前抵店。

52.住店宾客在大堂休息处的沙发上睡觉

遇到这种情况，前厅服务员需要上前轻轻推醒宾客，向宾客道歉，说明大堂休息处是不允许睡觉的，请宾客回房休息。如有特殊情况，可帮助宾客等人或接物等服务。

53.宾客正在谈话，如有急事要找他

前厅服务人员切记不可冒失打断宾客间的谈话，可选择双目注视所要找的宾客，引起其注意。当宾客意识到停止谈话时，应首先向宾客表示歉意，说明来意，说话内容要简明扼要，待宾客答复后应表示感谢，同时向其他人表示歉意。

54.宾客进房间后，打电话来说要求转房

（1）首先前厅服务员要了解宾客转房的原因，可这样询问："先生（小姐），不知您喜欢转到什么样的房间？"视情况为其调整到合适的房间，若是房间设备方面的问题，马上通知有关人员进行维修；

（2）若是服务上的问题，应尽快报告当值主管并当面道歉，若一时无法解决，应表示歉意，并做好解释，"真抱歉，现暂时没有房间，一有房间，立刻通知您好吗？"使宾客觉得他的要求受到重视。

55.宾客嫌房价太高，坚持要较大的折扣

（1）首先做好解释，如介绍客房设施齐全，使宾客感到这一价格是物有所值的。并礼貌地告诉宾客"您今天享受的这一房价折扣，是我们首次破例的，房间设备好，而且是最优惠的"。

（2）如宾客确实接受不了，可介绍房价稍低的客房给宾客。

56.宾客深夜来电话抱怨隔壁很吵，无法入睡

（1）首先向宾客表示歉意，问清房号以及隔壁吵闹房间的房号，并安慰宾客事情很快会得到解决的。

（2）通过电话礼貌劝告吵闹的宾客：“您好，打扰您了，夜已深了，其他住客都休息了，请把你们讲话的音量放低好吗？以免影响其他宾客的休息，谢谢合作！”若有来访客人，则告诉客人：“按规定来访时间已到，如果还有事的话，请到大堂酒吧再叙，需要留宿，请另开房间。”

57.在登记验证中，发现可疑宾客

（1）前厅服务员首先不能惊惶失措，要保持镇静自如，按“内紧外松”的原则，将可疑宾客安排在便于观察控制的区域住宿。

（2）尽快与有关部门联系，并在住宿单上做特殊记号，报告上司及安保部马上进行调查及布控，切不可让对方觉察出你在注意他，否则会打草惊蛇。

58.旺季客满，而慕名前来的宾客房间得不到解决

（1）前厅服务员首先要对宾客表示安慰和道歉，请宾客稍候，并迅速查看能否在酒店订房中调整尚未抵达的老主顾或团体陪同的房间，或有无临时取消的订房。

（2）试过所有办法仍无法安排时，前厅服务员应帮助宾客联系附近同类酒店，引导宾客前去，并礼貌话别，“一旦有空房，我们会接您回来的，再见!”

59.宾客发脾气骂人，讲话不礼貌

（1）遇到这种情况，前厅服务员应保持冷静的情绪，绝对不能与宾客争吵，要检查自己的工作是否有不足之处，待宾客平静后再做婉言解释与道歉，若宾客的气尚未平息，应及时向上级汇报，请领导解决。

（2）使用礼貌的语言，劝说宾客移至不惊动其他宾客的地方，主动征求意见，而不能用同样的粗言回敬宾客或表示厌恶，以免发生冲突。

60.宾客要求代办事项

（1）前厅服务员要始终坚持为宾客代办事项须做到“一准、二清、三及时”，即：代办事项准；账目清，手续清；交办及时，送回及时，请示汇报及时。

（2）若宾客要求代办事项经多方努力仍一时难以办妥，无法解决时，应向宾客做好解释，并表示歉意，必要时向领导汇报。

61.当值时，宾客有意缠着你聊天

前厅服务员应迅速摆脱宾客的有意纠缠，并暗示其他当值人员前来与宾客搭腔，自己借故离开。或礼貌地告诉宾客“对不起，我现在很忙”，然后主动找一些工作来做。

62.宾客退房时要求折扣收费

（1）当宾客退房时提出折扣要求，原则上是不给予办理的，因此前厅服务员应做好解释工作。

（2）若宾客所说情况属实（如客房内部设施或卫生状况存在明显问题），应向宾客表示歉意，并给予折扣收费以维护酒店的声誉，同时立即通知相关部门对该房进行彻底清理维修，避免再次出现类似的事情。

63.宾客要求在房间内摆放鲜花、水果

首先，前厅服务员要详细了解宾客所需鲜花、水果的种类、色彩、数量和摆放方式，并记下宾客的房号和姓名。之后按宾客要求进行摆设，要注意技巧，同时对水果进行清洗消毒。另外，还需要尽量了解宾客摆放鲜花水果的原因，进一步做好细致的服务，如是宾客生日，则向宾客表示祝贺等。

64.宾客入住登记时，只填姓名而不愿意填写其他内容

（1）前厅服务员要礼貌地向宾客解释，入住填写登记卡是公安局的规定，并非不相信宾客；

（2）填写登记有利于酒店为宾客提供良好的服务；

（3）如宾客嫌麻烦，前厅服务员可以代其填写其他内容；

（4）做好客史档案，以便下次入住时为该宾客预先登记好有关内容（提前准备好登记表）。

65.遇到刁难的宾客

（1）前厅服务员要始终坚持“宾客总是对的”的原则，对刁难的宾客也必须礼貌耐心地对待。

（2）注意倾听宾客提出的问题，分析其刁难的原因，尽力帮助

宾客解决难题。

（3）如宾客的要求与酒店的规定相悖，则要耐心解释；如是无理要求，则婉转地拒绝。如果自己不能很好解决，要及时向上级请示。

66.一位以前曾逃过账的宾客又要求入住酒店

（1）前厅服务员可婉言请宾客付清上次欠款，再办理入住。

（2）收取该宾客足够的消费保证金。

（3）通知大堂副理及前厅经理，注意该宾客的动态，防止再次逃账。

67.酒店突然停电

（1）前厅服务员要首先保持镇静状态，先向宾客道歉，并立即开启应急灯，设法稳住宾客情绪，请宾客不必惊慌，同时为宾客点燃备用蜡烛。

（2）马上与有关部门取得联系，搞清楚断电原因，如果是内部供电设备出现问题，要马上通知工程部派人检修，在最短的时间内恢复供电。如果是地区性停电或是其他一时不能解决的问题，要马上停止接待新来的宾客，对已在服务的宾客要尽量安抚，或是由上级去给宾客进行解释。

（3）在供电没有恢复前，各区位员工要严守自己的工作岗位，并控制好局面。

68.房间太热／冷了，空调坏了，宾客无法使用

（1）接到宾客电话，首先这样回答：“很抱歉，我们马上派人

到房间帮您检查一下好吗？”

（2）在征得宾客的允许后，应立即通知维修部门前去检修，如果是短时间内不能解决的问题，应征询宾客意见是否换房或者采用其他备选方案，比如送上电风扇或电暖器之类。

（3）根据宾客的要求及时地帮助宾客换房或快速补充辅助物品后，向宾客表示歉意并赠送水果等。

69.宾客身体不舒服，向前厅服务员提出代买药品

（1）首先，前厅服务员需要这样回答：“先生/小姐，我帮您联系酒店专业的医生到您房间可以吗？我想在医生的建议下用药，更有助于您恢复健康！”

（2）要明确只有专业的医生才能对症下药。宾客、服务员都不是医生，本着对宾客负责的原则，建议宾客遵医嘱服药，以免因替宾客代买药品而带来潜存的风险，同时，也是对宾客的健康负责。

70.宾客忘记带手机充电器

（1）当宾客寻求帮助时，前厅服务员应力所能及地给予帮助，明确告知宾客，酒店可以免费向宾客提供以下特殊物品使用：万能充电器、长网线（3~5m）、英式插线板、指甲刀、开瓶器、灭蚊器、电暖器、文具类，以解决宾客入住酒店的不便。

（2）如果是客房部不能提供的物品，但是酒店其他部门能够解决的，前厅服务员也应尽力协调，帮宾客解决实际需要。

71.早晨办理退房时，出现停电或电脑死机

（1）前厅服务员首先要尽快联系工程部或电脑工程师进行维修或检修；

（2）整理退房宾客的所有消费账单做手工账，与服务中心确认宾客房间的消费情况；

（3） 最后依据宾客手中的押金收据进行退款手续。但采取此方法的前提是所有夜班收银员要提前做好次日的退房手工登记工作，提前汇总并记录所有退房宾客的消费详情，以免出现停电或电脑死机时无法及时为宾客办理服务工作。

72.宾客离店时，因为等候查房表现明显不悦

前厅服务员首先要在安抚宾客的同时请求其谅解，并再次打电话催查退房，期间可与宾客聊些他会感兴趣的话题，转移宾客注意力。若多次催退未果，可询问宾客是否用过客房的收费物品，按宾客所报打印宾客的已消费账单，先行为宾客清账，并在退房记录上注明情况。

73.宾客结账完毕要求多开发票

（1）前厅服务员要首先告诉宾客，根据国家税法规定，发票金额只能按照实际消费金额开具，婉言谢绝宾客的请求。

（2）若是常客或经销售部批准的，可在请示财务总监批准后，代收一定的税金为宾客开具，但金额不可过大。

74.宾客要求用外币兑换人民币

前厅服务员可以这样回答宾客："先生对不起，只有银行才能经营外币兑换业务。我们酒店不能为您办理外币兑换业务，您可就近到工行、中行国际业务部办理兑换业务。"

附录2

酒店前厅常用英语口语

现在，越来越多的外籍人士开始入住我国的快捷酒店中，因此，在酒店里负责接待工作的前厅服务员一般都要求能够使用简单的英语会话，这样才能够有效地为宾客提供服务。前厅服务员常用英语口语基本上是属于商业英语，与日常生活会话中大家所使用的英语略有不同，较注重礼节。

比如，在面对外国宾客时，前厅服务员应当这样问：

What's your name? May I have your name? 您贵姓？请问您尊姓大名？

Over here, please. Could you come this way please? 这边请。请您往这边走好吗？

不要说OK，Sure，Yeah等等，而要说Certainly，Sir.

Hey，uh-huh，Hang on等等，也不适合在酒店中使用。

别说“I don't know.”回答“不知道”是非常不礼貌的说法，可以说“just a moment，please. I'll check that for you.”（请稍候，我来

帮您确认），然后请有能力处理的人前来协助。

同时在称呼上也要多加注意，对男性宾客尊称为Sir；对女性宾客则尊称为Ms。

在招呼宾客时，最好说“Excuse me， Sir（Ms）”，不要直接称呼Mr.或Ms.，至于称呼小孩，可以直接使用Excuse me，但是不可以直接称呼boy或girl。

与外国宾客交谈的时候，前厅服务员要正视对方的眼睛，以显示出自己的信心和诚意。但必须注意，注视对方的眼睛，并不是无理地盯着对方看。

在面对语言不通的外籍人士时，前厅服务员要有耐心，同时一定要多加利用手势和肢体语言，在使用手势时也要特别小心，因为对于不同国家、民族而言，手势的意义也大不相同。

对于快捷酒店的前厅来说，其基本的待客英语如下：

1.基本疑问句型

在正式的英语表现里，基本疑问句型可分为下列四种：

May I ~

Could you ~

Would you ~

Shall I ~

只要理解这四种基本的句型，就可以处理大部分业务上的状况。

（1）自己要做什么事时，就使用May I ~

May I have your name，please？请问尊姓大名？

May I have your check-out，please？请问您什么时候结账离开？

May I see your passport, please? 请让我看一下您的护照好吗?

May I know your nationality, please? 请问您的国籍是什么?

（2）麻烦宾客时，可使用Could you ~

Could you fill out the form, please? 请您填写这张表格好吗?

Could you write that down, please? 请您写下来好吗?

Could you draft the fax, please? 请您写下传真的草稿好吗?

Could you hold the line, please? 请不要挂电话好吗?

（3）询问宾客的喜好或是做什么时，可使用Would you ~

Would you like tea or coffee? 请问您要喝茶还是咖啡?

Would you mind sitting here? 请问您介意坐在这里吗?

只要在疑问词后加“would you ~”，就可以提出大部分的询问。比如:

When would you like to have lunch? 请问您想在哪里用餐?

What time would you like to eat? 请问您想何时用餐?

Who would you like to contact? 请问您想和谁联络?

Which kind of room would you prefer? 请问您喜欢哪一种房间?

How would you like to settle your bill? 请问您的账单如何处理?

How long would you like to stay? 请问您要逗留多久?

（4）在提供建议协助、征求意见时，可使用Shall I ~

Shall I draw the curtains? 请问需要我把窗帘拉上吗?

Shall I make the reservation for you? 请问要我为您安排预约吗?

2.基本招呼用语

Good morning.（用于中午以前）

Good afternoon.（用于中午至下午六点以前）

Good evening.（用于下午六点过后）

在这些招呼语的后面接句子，例如：

Good morning，sir. Are you checking-out? 早上好，先生，请问您要退房吗？

Good afternoon，sir. Welcome to Hotel.中午好，先生，欢迎光临酒店。

Good evening，Ms. May I help you? 晚上好，小姐，请问我能为您服务吗？

后面也可以接上自己酒店的名称、部门名称，例如：

Good morning，sir. This is the Front Desk.May I help you? 早上好，先生。这里是服务台，请问您需要服务吗？

3.回答

（1）一般性的回答：

I see，sir.我明白了，先生。

Certainly，sir.好的，先生。

（2）请对方再等一会儿：

Just a moment，please.请稍等。

Thank you for waiting.您久等了，先生。

I am very sorry to have kept you waiting.很抱歉让您久等了。

Could you wait a little longer，please? 请您稍候好吗？

（3）要麻烦宾客或是拒绝宾客的要求时：

拒绝宾客时，不要一口回绝说“No”，而要委婉一些。

I am afraid I can't do that.不好意思，我恐怕没办法那样做。

Excuse me，sir. Please let me pass.不好意思，先生，麻烦让我过一下。

（4）道歉时：

如果是自己的错，就说“I am sorry”；如果是酒店的错，就说“We are sorry”。

I am very sorry for the delay.很抱歉延误了时间。

I am very sorry for the inconvenience.很抱歉造成您的不便。

I would like to apologize for the mistake.为这个错误我深致歉意。

（5）宾客对自己说“Thank you”时，要回答“You are welcome（不客气）”。

（6）交给宾客某些东西时，可以说：

Here you are. 您要的东西在这里。

Here is your room key.这是您的房间钥匙。

Here it is.这是您的东西。

（7）当宾客准备离开时，可以说：

Have a nice day.祝您有美好的一天。

Please enjoy your stay.祝您住宿愉快。

We hope to see you again soon.希望不久能再次见到您。

Thank you for staying with us.谢谢光临。

（8）当宾客的英语难以理解时：

面对宾客的疑问，不要只是一味地傻笑，或是一直说Yes， 如果听不懂时，就要向宾客提出疑问，或是先向对方说“Just a moment，please”，然后请求他人协助。例如：

Pardon.对不起。

I beg your pardon？对不起，请再说一遍好吗？

Could you repeat that，please？请您重复一遍好吗？

若是不敢肯定对方所说的部分内容时，可以将不明白的部分重复一遍，如：

Excuse me，sir.Do you mean you lost your room key？不好意思，先生，您是说您丢了房间的钥匙？

4.电话英语

（1）接电话时不可以简单地回答“Hello”，而应报上自己的职位和酒店名称。例如：

Hello，this is Information Desk.您好，这里是问询处。

Information Desk speaking. May I help you？问询处，请问您要服务吗？

（2）打错电话时：

如果是外线打错时，可以回答：

I am afraid you have the wrong number.不好意思，您打错电话了。

如果是总线转错内线时，可以回答：

I am afraid this is a direct line. We can not transfer your call to the Chinese Restaurant Could you dial 2234–1156，please.不好意思，这是直拨电话。我们无法为您转接中式餐厅。请您改拨2234–1156好吗？

（3）当负责的工作人员不在时：

I am afraid Mr.Lin is out at the moment. He should be back around 5 p.m.不好意思，林先生现在外出。他应该会在下午5点左右回来。

I am afraid Mr.Hao is on another line. Could you hold the line, please? 不好意思，郝先生正在讲电话。请您在线上稍候好吗？

I'll tell him to call you back when he returns.他回来时，我会请他回电。

May I have your name and phone number, please? 请告诉我您的大名和电话好吗？

（4）当会话结束时：

结束电话中的对话时，不可以简单说“bye-bye”，最好说：

Thank you for calling.感谢您的来电。

We look forward to hearing from you.我们静候您的佳音。

Please contact me if you have any further questions.如果您有任何其他问题，请和我联络。

5. 预订部日常用语

（1）一般预订：

Which travel agent did you go through to make this reservation? 请问您是通过哪间旅行社来做这个预订的？

What kind of room would you like to reserve? 请问需要预订哪一类型的房间？

We have standard, superior, deluxe, executive rooms.There is also one presidential suite as well. Furthermore, we have a floor of non-smoking rooms, and we also have some connecting rooms.我们酒店有标准房、高级房、豪华房、行政房，除此之外还有总统套房。而且我们酒店还设有不吸烟楼层及连通房。

We'll have to charge you RMB100 extra for an additional bed.如需加床，我们将会收取人民币100元。

Which dates would you like to book? When will you check in and check out? 请问您需要订哪一天？什么时候入住及退房？

How long will you stay in our hotel? 请问您打算逗留多长时间？

How many people are there in your party? 与您同行有多少人？

Just a minute, please.I'll check our booking situation.麻烦请您稍等，我需要查询我们的房态。

Your reservation is temporary and it will be cancelled if you don't arrive before 6p.m.on that day.您的预订是暂时的，如果那天下午6点前不到，我们将会取消您的预订。

Can I reconfirm the reservation? A superior room, for Mr. Smith on the 20th Oct.My name is XX, if you have any questions please feel free to contact us.Thank you for calling. Bye-bye! 我可以再确认您的预订吗？史密斯先生，10月20日预订一间高级房。我的名字是XX，如有任何疑问请与我们联系。谢谢您的来电。再见！

（2）担保预订：

With out guaranteed reservation, we can only hold the room to 6 p.m., If you make a guaranteed reservation, we can hold the room overnight.Would you like to make a guaranteed reservation by credit card? 非担保的预订只能保留到当天下午 6 点。若您作了担保预订，我们就可以整夜为您保留房间，您愿意提供信用卡作担保吗？

Mr.Smith, you've made a guaranteed reservation at the Hotel.If you can't arrive as scheduled, please inform us before 6 p.m. on the expected day.Thank you for calling and we look forward to seeing you.史密斯先生，您已在酒店办理了担保预订，倘若您不能如期到达，请务必在入住当天的下午 6 点前通知我们，感谢您的来电，我们期待届时与您见面。

（3）遇有客房紧缺时：

What kind of room would you like? 请问您需要什么类型的房间？

I’ m afraid we’ ve fully booked for that time.抱歉，我们那个时段已给订满了。

This is the peak season.I’ m very sorry，but could you call us again later? We may have some cancellations.因这是旺季，非常抱歉，但是请您迟些再打电话过来好吗？可能会有人取消预订。

6.柜台服务

（1）带宾客到柜台

B（Bellman，行李服务员）：Good evening，Ms.Welcome to XX Hotel.小姐，晚安。欢迎光临XX酒店。

G（Guest，宾客）：Thank you.谢谢你。

B：How many pieces of luggage do you have? 请问您有多少件行李？

G：Just this three.只有这3件。

B：Two suitcases and one bag.Is that right? 2个旅行箱和1个手提皮包，对吗？

G：Yes.That’ s all.对，就这些了。

B:I’ ll show you to the Front Desk.This way，please.I’ ll put your bags by the post over there.我来带您到柜台，这边请。我先将您的行李放在柱子旁边。

G：I see，thanks.我知道了，谢谢。

B：A bellman will show you to your room when you have finished checking-in.当您办好住宿登记时，行李服务员会带您到房间。

G：OK，Fine.好极了。

B：Please enjoy your stay.祝您住宿愉快。

（2）前厅服务员接待

Welcome to XX Hotel. I'm…，what should I call you，please？欢迎光临XX酒店，我是…，请问我该怎么称呼你呢？

Good morning/afternoon/evening，Sir/Madam.What can I do for you？先生/女士，你好！请问我能为您做点什么？

My name is…，is there anything else I can do for you，just let me know. 我叫…，如果需要我为您做些什么，请告诉我。

Have you booked the room？/Are you the vip？请问有预订吗？/请问您是会员吗？

Excuse me，How do spell it，please？打扰一下，您能拼写一下您的名字吗？

（3）帮助客人入住

Please have a seat for a while，I'll help you with the check-in procedure.请在那边稍坐一会儿，我将为您办理入住手续。

Would you please give me your passport or ID card and credit card？I'll help you to fill in the form.请把您的护照和信用卡交给我，我帮您办理入住手续。

Excuse me，Sir/Madame. How would you like to pay the deposit，cash or credit card（together or separately）？先生/女士，不好意思，打搅一

下。请问您是要付现金还是刷卡（分开付押金还是一起付）呢？

Here is your room key and the breakfast coupon. Would you please sign here? 这是您的房卡和早餐券。请您在这里签个名好吗？

Here are your passport and the credit card.You can go up to the room now I hope you enjoy your stay with us.这是您的护照和信用卡。现在您可以上房间了。希望您在这里居住愉快。

7. 居住期间服务

（1）传真服务

–Can I fax this paper? 我可以传真这份文件吗？

–Certainly，sir.Where do you want to fax it to? 当然可以，先生。请问是传真到哪里的？

–How would you like to pay for it，sir? 你打算怎样付款呢，先生？

–Could you charge it to my room bill? 可以记在我的客房账单内吗？

–Sure. Here is your fax record，Sir.Would you please sign here? 当然。这是您的传真记录，先生，麻烦您在这里签名好吗？

（2）提醒服务

It' s better for you to wear more clothes，because it's pretty cold outside.外面天气很冷，您最好穿多些衣服。

Today is a rainy day and the floor is slippery so please be careful. 今天外面在下雨，地面很滑，走路时请多加小心。

There is free broadband internet access in every room，connector plug is on the desk. 写字台上有宽带插头，您可以随便使用。

There is a little trouble in the computer service center，so the Internet is disconnected temporarily. Please wait a while，It'll be recovered soon.对不起，酒店的电脑服务中心出现了一点小故障，房间暂时不上了网，请稍候一下就会恢复正常。

Ok，I'll arrange a computer engineer to help you. 好的，我马上安排电脑员上去帮您。

（3）洗衣服务

The laundry collected between 8am to 6pm will be returned at midnight on the same day while the one collected between 6pm to 8 am will be returned at 2pm on the next day.上午八点到下午两点接洗衣将会在当天午夜前送回；而下午两点到次日八点的洗衣将会在第二日下午两点之前送回。

For the laundry，the regular service is within 8 hours and the express service is within 5hours.普洗服务是八小时内送回，而快洗是5小时。

There is a stain on your clothesm，and we'll try our best to get rid of it.However，I can't guarantee that we can remove it totally.您的衣服上有很难洗掉的污迹，我们会尽最大的努力去处理，但不能保证一定可以处理掉。

–Could you send someone up for my laundry，please? 请派人到我房间取要洗的衣服，好吗?

–Certainly，sir.Our room attendant will be up in a minute.好的，我们的服务员马上到。

（4）医疗服务

You don't look very well today.What seems to be wrong? 您看上去有些不舒服，还好吧?

Don't worry，I will arrange a doctor to look after you.不要担心，我将

立即安排医生照顾您。

Any other symptoms? Like stomach ache, coughing, or nausea? 还有其他症状吗？比如胃痛、咳嗽或者恶心？

Are you feeling better now, Sir? 先生，你好些了吗？

（5）处理赔偿事宜

I'm afraid you'll have to pay for the damage.恐怕您得赔偿损失。

I'm afraid you have to pay for the broken chair according to the hotel policy.根据酒店规定，恐怕你要对弄坏的椅子做出赔偿。

The indemnity for the burned carpet is 100 Yuan.损坏地毯的赔偿是人民币100元。

I'm sorry to inform you that we have to charge you 100 Yuan for the bloodstains on your bed linen. 我很遗憾地告诉您，对于床单上的血迹，我们要收取100元特别洗涤费。

8. 致谢

Thank you for your kind understanding.谢谢您的理解。

I would like to thank you for your great support for our hotel.非常感谢您对我们酒店的大力支持。

9. 道别

Wish you a pleasant journey! 祝您旅途愉快！

I'm looking forward to seeing you again. Good luck! 我期盼再次见到您，祝你好运！

Good Bye, and hope to see you again.再见，希望再见到您。

附录3

酒店前厅员工工作须知

1.“免费”和“赠送”的区别

前厅服务人员接待宾客时，不要随时把“免费”挂在嘴边，“免费”这个词给宾客的感觉会是“这东西本来就是我的”，如果换成“赠送”就能让宾客有种得到实惠的感觉。比如：现在酒店的早餐多数是免费的，很多接待人员在推销房间的时候都会这样说：“我们的房间都有免费的双人早餐。”这样的说辞对刺激宾客的购买兴趣力度远远没有“我们会赠送您双人早餐”来得强烈。

2.不要说“对不起”，要多说“不好意思”

酒店服务人员一般喜欢说“对不起”。但是要知道，“对不起”一旦出口，那不是你的错也就成了你的错，如果没错的话你对不起什么呢？相对的，“不好意思”这个词里就没有这一含义，不管谁对谁错，先说“不好意思”，至于是宾客“不好意思”还是自己“不好意思”，那就得看大家对事件的看法和解释了，这个时候主动权是在我们手上。“不好意思”在心理暗示上绝对没有“对不起”那么强烈。

3.接待轮序

这是前厅接待宾客时常见的一个问题，比如一个宾客来了，如果服务人员都不是很忙，就很容易造成几个人接待一位宾客的情况。请记住：千万不要这样，一定要选择轮序接待。比如：A在接待宾客的时候，B绝对不要插嘴插手，除非A在接待过程中出现重大失误或者遇到了搞不定的情况向B求助。如果A出现失误，B最好在远处示意A过来，然后指出他的问题，再让A回去重新给宾客解释，如果A搞不定宾客，必须要等到A明确示意B求助后，B再出面。这不论是对宾客还是对前厅员工的个人能力的锻炼，都是一个好的方法。

4.对房型差异的描述

在宾客询问“房间是什么样的”之类的问题时，要记住回答得越简洁越好。比如：可以选择直接向宾客暗示房价高的房间：“这种房间的确不错，我们卖得很好，是我们的主力房型，基本每天都是满的。单间正好就剩这一间了。”接下来，宾客就可能会在这样的暗示下直接告诉你他的消费兴趣点。比如会问:“是不是哦？房间有电脑吗？”或者“有浴房没有？上次我住XX酒店，他们的房间的卧室和浴室是玻璃墙！”“好贵哦，有便宜点的没有？”这样了解了宾客的消费兴趣点之后，接下来的事情就容易办了。

5.怀有一颗“Impossible is nothing”的心

当宾客因为某事急得满头大汗的时候，请万万不要表现出和宾客一样的神态，以向宾客表达你急宾客之所急的心理；当宾客怒火冲天的时候，也不要摆出一副受气的模样。要记住，慌张、不知所措、哑口无言、语无伦次这些状态都不能出现在你的行为举止里。作为这个酒店的门脸，当宾客站在你面前的时候，他不是面对着你个人，而是这家酒店。你在这个时候不是代表你自己，而是代表着整个酒店的态度和立场。所以一定要谨慎、淡定、稳重和有分寸。

如果遇到意外发生，第一时间是要稳定任何不稳定的情况，或者平息、转移过激因素（比如情绪失控的宾客），然后要耐心地详细了解事情经过，权衡事件性质，能够在自己职权范围之内处理的就处理，如果不能就及时上报。

6.任务在前，永远是执行力第一

前厅的服务人员要始终谨记，你是一个接待员，你负责的永远只有承诺，推辞和执行，你要永远记得做好这三样本职工作，而不要总是询问Why、When、Where、How，这是你自己的工作内容。

7.说一不二，吐字清晰

做前厅接待工作的人员，说出去的话就如同泼出去的水，想收回来很难，而且有时会伴随风险。所以，前厅人员要做到对宾客的回复简洁直接，是就是是，不是就是不是。不管是婉拒也好，还是请示也好，一定要把你的意思表达清楚，绝对不能含糊。比如宾客来订房，像“现在好像没有房了”“应该是这样的吧”之类的话就千万不要说出来，有就是有，没有就是没有，在这些应该直接回答的问题上，不要说模棱两可的话，让宾客产生不满。

8. 员工之间要配合无间

比如，宾客A找接待人员B订房，B看了可用客房后告知A没房间了，结果A又跑到接待人员C这里要订房，C二话不说答应下来："行，没问题。"这种拆同事台的事情，可千万不能做。这样做的后果，一则会对酒店的信誉造成影响，再则宾客也不会因为你给得出房间而认为你的能力要强一些，他只会觉得这个酒店前厅工作没谱。因此，当两个同事在一起上班的时候，应该相互配合，一个负责推荐，一个负责在旁边造势助力。

9. 对房量心中有数

在快捷酒店将有大的预订宾客到来的前几天，一般为一星期左右，前厅服务人员每天早班最好要做一件事，就是统计酒店现在到预订宾客到店当天的所有可出售的空房，然后交接下去，这会让其他同事心中有数，清楚酒店的房间是一个什么情况。万一有长住房预订或者与大预订同一天的预订时，其他同事的效率能提高很多。当然，在房间不紧张的情况下是不用这么做的。

10.准确及时地传达信息

前厅是一个快捷酒店的神经枢纽，各种信息都会先汇集到前厅然后分散到各个职能部门。作为前厅的接待人员，一定要做好信息的流动工作，前厅的工作核心不是开房结账，而是信息的顺畅流通。所以前厅接待人员的工作核心不是怎么样才能不跑客，而是如何做到把信息准确无误地传达到它们该去的地方。

11. 前厅容不得“懒惰党”

这是前厅工作人员必须要遵守的金科玉律，“懒惰党”害的不仅是自己，更会影响到一个团队的风气。惰性是团队活力、凝聚力的第一杀手。

12. 学会有效沟通

在心理学上有这么一句话：人越是炫耀什么，其实就越缺少什么；人越是掩饰什么，其实就越在意什么。这句话可谓是放之四海而皆准。前厅服务人员在和宾客沟通的时候，要多注意他们言辞之中的侧重点，帮助他们消除消费的心理障碍，这不但对前厅的整体服务水平和形象有帮助，对自我的能力提升也是一种锻炼。